MAX LUCADO

Lições de vida

GÁLATAS

LIBERDADE EM CRISTO

Traduzido por DANIEL FARIA

mundocristão
São Paulo

Os textos de referência bíblica foram extraídos da *Nova Versão Internacional* (NVI), da Biblica Inc., salvo indicações específicas.

Dados Internacionais de Catalogação na Publicação (CIP)
(Câmara Brasileira do Livro, SP, Brasil)

Lucado, Max
Gálatas: liberdade em Cristo / Max Lucado; traduzido por Daniel Faria. — São Paulo: Mundo Cristão, 2014. — (Coleção lições de vida)

Título original: Book of Galatians: Free in Christ.

1. Bíblia. N.T. Epístolas de Paulo - Comentários 2. Bíblia. N.T. Gálatas - Comentários 3. Cristianismo I. Título II. Série

14-05638 CDD-227.406

Índice para catálogo sistemático:
Gálatas: Epístolas de Paulo: Comentários 227.406
Categoria: Estudo Bíblico

Publicado no Brasil com todos os direitos reservados por:
Editora Mundo Cristão
Rua Antônio Carlos Tacconi, 79, São Paulo, SP, Brasil — CEP 04810-020
Telefone: (11) 2127-4147
www.mundocristao.com.br

1ª edição: setembro de 2014

SUMÁRIO

ORIENTAÇÕES AO LÍDER

Estudar a Bíblia é um dos grandes privilégios que recebemos do Senhor. É desejo dele que conheçamos sua Palavra inspirada, que é "útil para o *ensino*, para a repreensão, para a correção e para a instrução na justiça, para que o homem de Deus seja apto e plenamente preparado para toda boa obra" (2Tm 3.16-17). Somos incentivados a crescer "na graça e no *conhecimento* de nosso Senhor e Salvador Jesus Cristo" (2Pe 3.18). O próprio Jesus nos ensinou a amar a Deus de todo o nosso "*entendimento*" (Mc 12.30).

Para atingir esses objetivos, ele designou alguns como *pastores e mestres*, a fim de edificar seu povo e conduzi-lo à maturidade na fé (cf. Ef 4.11-16), e Max Lucado, como um desses vocacionados, tem se comprometido com o reino no ensino da Palavra. Por isso, temos a satisfação de oferecer à Igreja evangélica este valioso material didático para ser usado em grupo, porque acreditamos que o estudo em conjunto torna o aprendizado interessante, rico e produtivo (cf. Pv 27.17). Porém, não existe nenhum impedimento ao estudo individual.

A fim de tornar o aprendizado mais eficaz, apresentamos algumas dicas importantes:

1. Antes de tudo, ore e peça orientação ao Senhor para que a Palavra seja ensinada e entendida com fidelidade e clareza.
2. Prepare-se adequadamente. Familiarize-se bem com cada lição e não deixe de buscar subsídios para enriquecer o ensino.
3. Torne o aprendizado interativo e incentive a participação de todo o grupo.
4. Trate com respeito todas as contribuições dos participantes. Se houver necessidade de divergir de alguma ideia ou corrigi-la, faça-o com mansidão e brandura (cf. Gl 6.1; Ef 4.2; Tt 3.2; Tg 3.13).
5. Evite que uma pessoa domine a discussão. Isso inclui o líder. Assim, para proporcionar o crescimento do grupo, resista à

tentação de dominar ou manipular a coletividade e impor seus próprios pontos de vista.

6. Use a imaginação e a criatividade para incrementar as aulas. Recorra a símbolos visuais, vídeos, músicas, dramatizações etc. Lembre-se: faça isso com moderação.

Esperamos que essas orientações e sugestões sejam úteis para todos os membros do grupo; que todos cresçam juntos e façam destes estudos um marco em sua formação espiritual, com o objetivo de serem cada dia mais parecidos com Jesus, nosso Senhor e Salvador.

Os Editores

Você tem um livro especial em mãos. Palavras esculpidas em outras línguas. Ações ocorridas em épocas distantes. Acontecimentos registrados em terras longínquas. Conselhos oferecidos a um povo estrangeiro. Esse é um livro singular.

É de surpreender que alguém o leia. É antigo demais. Alguns dos escritos datam de cinco mil anos atrás. É esquisito demais. O livro fala de enchentes incríveis, incêndios, terremotos e pessoas com habilidades sobrenaturais. É radical demais. A Bíblia convida à devoção eterna a um carpinteiro que chamava a si mesmo de Filho de Deus.

A lógica diz que esse livro não sobreviveria. Antigo demais, esquisito demais, radical demais.

A Bíblia foi proibida, queimada, escarnecida e ridicularizada. Acadêmicos zombaram dela. Reis decretaram sua ilegalidade. Mais de mil vezes, a cova foi aberta e o canto fúnebre começou a ser entoado, mas, por alguma razão, a Bíblia nunca permaneceu na sepultura. Não somente sobreviveu; ela prosperou. É o livro mais popular em toda a história. Há anos tem sido o mais vendido no mundo!

Não existe na terra uma explicação para isso. Essa, talvez, seja a única explicação. A resposta? A durabilidade da Bíblia não se encontra na terra; encontra-se no céu. Para os milhões que testaram suas afirmações e reivindicaram suas promessas, há somente uma resposta: a Bíblia é o livro e a voz de Deus.

Ao ler, seria sábio de sua parte pensar um pouco a respeito de duas perguntas: Qual o propósito da Bíblia? Como devo estudá-la? O tempo gasto na reflexão acerca dessas duas questões vai engrandecer consideravelmente seu estudo bíblico.

Qual o propósito da Bíblia?

Permita que ela própria responda a essa pergunta: *Porque desde criança você conhece as Sagradas Letras, que são capazes de torná-lo sábio para a salvação mediante a fé em Cristo Jesus* (2Tm 3.15).

O propósito da Bíblia? Salvação. O maior desejo de Deus é trazer seus filhos para casa. O livro dele, a Bíblia, descreve seu plano de salvação. O propósito da Bíblia é proclamar o plano e o desejo de Deus de salvar seus filhos.

É essa a razão de a Bíblia ter resistido ao longo dos séculos. Ela tem a ousadia de enfrentar as questões mais difíceis a respeito da vida: Para onde vou depois de morrer? Existe um Deus? O que faço com os meus medos? A Bíblia oferece respostas a essas questões cruciais. É o mapa que nos conduz ao maior tesouro de Deus: a vida eterna.

Mas como usamos a Bíblia? Inúmeros exemplares das Escrituras repousam em estantes e cabeceiras sem serem lidos pelo simples fato de as pessoas não saberem como lê-la. O que podemos fazer para torná-la real em nossa vida?

A resposta mais clara encontra-se nas palavras de Jesus. Ele prometeu: *Peçam, e lhes será dado; busquem, e encontrarão; batam, e a porta lhes será aberta* (Mt 7.7).

O primeiro passo na compreensão da Bíblia é pedir a Deus para ajudar-nos. Devemos ler em oração. Se alguém compreende a Palavra de Deus, é por causa de Deus, e não do leitor: *Mas o Conselheiro, o Espírito Santo, que o Pai enviará em meu nome, lhes ensinará todas as coisas e lhes fará lembrar tudo o que eu lhes disse* (Jo 14.26).

Antes de ler a Bíblia, ore. Convide Deus para falar com você. Não vá às Escrituras procurando por *sua* maneira de pensar; vá em busca da maneira de pensar *dele*.

Não devemos ler a Bíblia somente em oração; devemos lê-la com cuidado. A garantia é: *busquem, e encontrarão*. A Bíblia não é um jornal a ser folheado, mas uma mina a ser garimpada: *se procurar a sabedoria como se procura a prata e buscá-la como quem busca um tesouro escondido, então você entenderá o que é temer o* SENHOR *e achará o conhecimento de Deus* (Pv 2.4-5).

Qualquer achado valioso requer esforço. A Bíblia não é exceção. Para compreendê-la, você não precisa ser brilhante, mas tem de estar disposto a arregaçar as mangas e procurar, *como obreiro que não tem do que se envergonhar e que maneja corretamente a palavra da verdade* (2Tm 2.15).

Eis um ponto prático: estude a Bíblia um pouco de cada vez. Não se sacia a fome comendo 21 refeições de uma só vez a cada semana. O corpo precisa de uma dieta constante para permanecer forte. O mesmo acontece com a alma. Quando Deus enviou alimento a seu povo, no deserto, ele não providenciou pães prontos. Em vez disso, enviou o maná, desta forma: *flocos finos semelhantes a geada [...] sobre a superfície do deserto* (Êx 16.14).

Deus concedeu maná em porções limitadas e envia alimento espiritual da mesma forma: abrindo os céus com nutrientes suficientes para a fome de hoje e providenciando *ordem sobre ordem, regra e mais regra; um pouco aqui, um pouco ali* (Is 28.10).

Não desanime se a colheita de sua leitura parece pequena. Há dias em que uma porção menor é tudo de que precisamos. O importante é buscar diariamente a mensagem daquele dia. Uma dieta constante da Palavra de Deus no decorrer da vida edifica a saúde da mente e da alma.

Uma garotinha voltou de seu primeiro dia na escola. A mãe perguntou:

— Você aprendeu alguma coisa?

— Pelo visto, não aprendi o bastante — a menina respondeu. — Tenho de voltar amanhã, depois de amanhã e depois de depois de amanhã...

É assim que funciona a aprendizagem e é assim que funciona o estudo da Bíblia. A compreensão vem pouco a pouco, ao longo da vida.

Há um terceiro passo na compreensão da Bíblia. Depois do pedido e da busca, vem o bater à porta. Depois de perguntar e procurar, você bate: *Batam, e a porta lhes será aberta* (Mt 7.7).

Bater é estar diante da porta de Deus. Ficar disponível. Subir as escadas, cruzar o pórtico, colocar-se à porta e se voluntariar. Bater vai além da esfera do pensamento e entra na esfera da ação.

Bater é perguntar: O que posso fazer? Como posso obedecer? Aonde posso ir?

Uma coisa é saber o que fazer. Outra é fazer. Mas para aqueles que fazem, que escolhem obedecer, uma recompensa especial os aguarda: *Mas o homem que observa atentamente a lei perfeita, que traz a liberdade, e persevera na prática dessa lei, não esquecendo o que ouviu mas praticando-o, será feliz naquilo que fizer* (Tg 1.25).

Uma promessa e tanto! A felicidade vem para quem pratica o que lê! É o mesmo com medicamentos. Se você apenas ler o rótulo, mas ignorar as pílulas, de nada vai adiantar. É o mesmo com comida. Se você apenas ler a receita, mas nunca cozinhar, não vai ser alimentado. Dá-se o mesmo com a Bíblia. Se você apenas ler as palavras, mas nunca obedecer, jamais conhecerá a alegria que Deus prometeu.

Peça. Procure. Bata. Simples, não é? Por que então não tentar? Se o fizer, entenderá por que você tem nas mãos o livro mais extraordinário da história.

Só faltava a assinatura do presidente para a Proclamação de Emancipação ser concluída. Mas Abraham Lincoln não estava preparado. Sua mão doía de tanto cumprimentar visitantes na recepção.

"Esperem até minha mão ficar melhor", ele teria pedido. "Não quero que minha assinatura saia tremida. Quero que as pessoas saibam que eu libertei os escravos convicto do que fazia."

Gálatas é a Proclamação de Emancipação para a igreja. Escrito por alguém que conheceu a escravidão, o livro declara e define a liberdade cristã. Paulo o escreveu a fim de refutar a ideia diabólica de que a salvação se baseia na adesão a um código religioso.

Muitos cristãos primitivos eram judeus acostumados a seguir a lei de Moisés. Embora tivessem aceitado o dom da graça oferecida por Cristo na cruz, alguns deles estavam se afastando do caminho — substituíam a dádiva de Deus pelo esforço humano. Com franqueza, Paulo identificou o problema: legalismo.

Em toda parte onde o evangelho é pregado, há quem diga que é algo bom demais para ser verdade. "A fé não basta", diz o legalista, "precisamos obter a aprovação de Deus". Alguns ensinam que ganhamos o favor de Deus de acordo com o que sabemos (intelectualismo). Outros insistem que somos salvos com base no que fazemos (moralismo). Ainda outros afirmam que a salvação é determinada pelo que sentimos (emocionalismo).

Seja qual for a definição, contesta Paulo, o legalismo é heresia. A salvação só vem por meio da cruz — sem acréscimos, sem alterações.

Somos livres em Cristo. "Foi para a liberdade que Cristo nos libertou. Portanto, permaneçam firmes e não se deixem submeter novamente a um jugo de escravidão" (5.1). Gálatas é uma carta de alforria. Durante a leitura, preste atenção à confiança do escritor. Sua mão não treme; sua convicção não vacila.

A nossa também não deveria.

Abandonar a graça?

Reflexão

Nem todo mundo gosta de confrontos. Pouca gente passa o dia à procura de discussão. No entanto, o conflito é um fato inevitável da existência. Descreva como você se sente e como costuma agir quando precisa confrontar um amigo, vizinho ou colega com a verdade.

Situação

Após pregar as boas-novas da maravilhosa graça de Deus por toda a Galácia (isto é, a atual Turquia), o apóstolo Paulo ficou muito preocupado ao ouvir que alguns mestres religiosos influentes na região insistiam que a salvação *não* vem somente pela graça. Ele escreveu uma carta para refutar a ideia de que o favor de Deus é obtido mediante o cumprimento das leis e dos costumes judaicos.

Observação

Leia Gálatas 1.1-9 da NVI ou da RA.

Nova Versão Internacional

1 Paulo, apóstolo enviado, não da parte de homens nem por meio de pessoa alguma, mas por Jesus Cristo e por Deus Pai, que o ressuscitou dos mortos, 2 e todos os irmãos que estão comigo,

às igrejas da Galácia:

3 A vocês, graça e paz da parte de Deus nosso Pai e do Senhor Jesus Cristo, 4 que se entregou a si mesmo por nossos pecados a fim de nos resgatar desta presente era perversa, segundo a vontade de nosso Deus e Pai, 5 a quem seja a glória para todo o sempre. Amém.

*6 Admiro-me de que vocês estejam abandonando tão rapidamente aquele
que os chamou pela graça de Cristo, para seguirem outro evangelho 7 que, na
realidade, não é o evangelho. O que ocorre é que algumas pessoas os estão perturbando, querendo perverter o evangelho de Cristo. 8 Mas ainda que nós ou
um anjo dos céus pregue um evangelho diferente daquele que lhes pregamos,
que seja amaldiçoado! 9 Como já dissemos, agora repito: Se alguém lhes anuncia um evangelho diferente daquele que já receberam, que seja amaldiçoado!*

Almeida Revista e Atualizada

*1 Paulo, apóstolo, não da parte de homens, nem por intermédio de homem
algum, mas por Jesus Cristo e por Deus Pai, que o ressuscitou dentre os mortos, 2 e todos os irmãos meus companheiros, às igrejas da Galácia, 3 graça a vós
outros e paz, da parte de Deus, nosso Pai, e do [nosso] Senhor Jesus Cristo, 4 o
qual se entregou a si mesmo pelos nossos pecados, para nos desarraigar deste
mundo perverso, segundo a vontade de nosso Deus e Pai, 5 a quem seja a glória pelos séculos dos séculos. Amém!*

*6 Admira-me que estejais passando tão depressa daquele que vos chamou
na graça de Cristo para outro evangelho, 7 o qual não é outro, senão que há
alguns que vos perturbam e querem perverter o evangelho de Cristo. 8 Mas,
ainda que nós ou mesmo um anjo vindo do céu vos pregue evangelho que vá
além do que vos temos pregado, seja anátema. 9 Assim, como já dissemos, e
agora repito, se alguém vos prega evangelho que vá além daquele que recebestes, seja anátema.*

Exploração

1. Existe um tom abrupto e sombrio nas primeiras frases da carta de Paulo aos gálatas. Por quê?

2. Paulo inicia sua carta apresentando suas "credenciais". Por que sentimos que isso é necessário, e em quais ocasiões essa atitude é válida?

3. Por que o "novo" evangelho que os gálatas estão adotando *não* é boa-nova (v. 7)?

4. A palavra "anátema" (v. 8-9, RA) significa "condenado eternamente". O que isso sugere a respeito de acréscimos ao evangelho ou alterações da mensagem de Cristo?

5. Qual é o evangelho simples? (Dica: veja 1Co 15.1-4.)

Inspiração

"Qual obra Deus quer que façamos? Orar mais? Doar mais? Estudar? Viajar? Decorar a Torá? Qual obra ele quer?" Astuto esse esquema de Satanás. Em vez de nos afastar da graça, ele nos faz questioná-la ou tentar merecê-la... e, no final, nem sequer sabemos o que ela é.

O que, então, Deus deseja que façamos? Qual é a obra que ele busca? Crer. Só isso. Crer naquele que ele enviou. "A obra de Deus é esta: crer naquele que ele enviou" (Jo 6.29).

Alguém está lendo isso, balançando a cabeça e perguntando: "Você está dizendo que é possível ir para o céu sem boas obras?". A resposta é não. Boas obras são um requisito. Outra pessoa está lendo e perguntando: "Você está dizendo que é possível ir para o céu sem ter bom caráter?". Mais uma vez, minha resposta é não. Bom caráter também é necessário. Para entrar no céu, é preciso ter boas obras e bom caráter.

Mas, infelizmente, aí reside o problema. Você não tem nenhuma das duas coisas.

Sim, você fez algumas coisas boas na vida, mas não possui boas obras suficientes para subir ao céu, independentemente de seu sacrifício. Por mais nobres que sejam suas doações, elas não bastam para levá-lo ao céu.

Você também não possui caráter suficiente para subir ao céu. Por favor, não se sinta ofendido. (Ou sinta-se, se necessário.) É provável que você seja uma pessoa decente. Mas a decência não é suficiente. Os que veem a Deus não são decentes; são santos. "Sem santidade ninguém verá o Senhor" (Hb 12.14).

Você talvez seja uma boa pessoa. Talvez pague impostos, cuide bem de seus filhos e durma com a consciência limpa. Sem Cristo, porém, você não é santo. Sendo assim, como pode ir para o céu?

Basta crer.

Aceite a obra já feita, a obra de Jesus na cruz.

Basta crer...

É simples assim? Sim, é simples assim. É fácil assim? Não houve nada de fácil nisso. A cruz era pesada, o sangue era verdadeiro e o preço era alto. Teria levado você e eu à falência, por isso ele pagou por nós. Chame de simples. Chame de dádiva. Mas não chame de fácil.

Chame do que é. Chame de graça.

Trecho de *Ouvindo Deus na tormenta*

Reação

6. Por que as pessoas têm tanta dificuldade de compreender o conceito de graça?

____

____

7. Além de Cristo, em que os cristãos se apoiam para tentar obter a aprovação de Deus?

____

____

8. Como você responderia a alguém que lesse a passagem desta lição e dissesse: "Não entendo por que Paulo fica tão irritado por causa de alguns conceitos teológicos"?

9. Pensando em sua igreja, existe alguma tendência que "surpreende" você ou o deixe "admirado" (no sentido negativo)?

10. A mensagem do evangelho que você propaga às pessoas se caracteriza pelo som radical e audacioso da graça?

11. Qual será sua reação na próxima vez em que ouvir alguém propagar uma versão distorcida do evangelho?

Lições de vida

A graça é o que distingue o cristianismo de todas as religiões do mundo. A salvação gratuita, o perdão e a vida eterna são oferecidos por Deus não como recompensa, mas como presentes. Nada — absolutamente nada — é exigido de nossa parte, exceto crer. Nada de contrapartidas ou letras miúdas. Quando confiamos no que Cristo fez, quando confiamos apenas em suas promessas, todos os tesouros do céu se tornam nossos. Não importa quanto sua vida esteja atribulada no momento. A graça é verdadeira e segura, independentemente do que você faça ou deixe de fazer no futuro. Parece bom demais para ser verdade, concorda? Mas é nisso que consiste, em poucas palavras, o evangelho simples. A pergunta é: Você já recebeu esse maravilhoso presente de Cristo?

Devoção

Pai, obrigado pelo evangelho. Eu jamais poderia obter teu favor, mas posso ser um recipiente de tua graça. Posso desfrutar de todas as tuas bênçãos simplesmente confiando em Cristo como meu único e suficiente Salvador. Ajuda-me a viver conforme essa mensagem. Ajuda-me a mostrá-la por intermédio de minha vida e a partilhá-la com meus lábios.

- Para mais passagens bíblicas sobre o evangelho da graça, leia Atos 15.11; 20.24; Romanos 3.22-24; Tito 3.4-7.
- Para completar o livro de Gálatas durante este estudo em doze partes, leia Gálatas 1.1-9.

Para pensar

Descreva o momento em que você sofreu o primeiro impacto por causa da natureza "livre" do evangelho — o fato de ser a fé, e não as obras, a porta de entrada para a paz com Deus.

A DEFESA DO EVANGELHO

Reflexão
Em certo sentido, tudo na vida diz respeito a nossa interação com Deus. Alguns fogem dele. Outros o ignoram. Aquele ali teve um vislumbre de Deus na vida de um amigo e agora quer olhar mais de perto. Esse outro se desviou da fé que tinha na infância e agora percorre o caminho de volta. Qual é a sua história de fé?

Situação
Falsos mestres se infiltraram na igreja gálata, tentando acrescentar exigências legalistas ao evangelho simples. Paulo reiterou a verdade da salvação — a saber, somente pela fé em Cristo — compartilhando a história de sua milagrosa conversão.

Observação
Leia Gálatas 1.11-24 da NVI ou da RA.

Nova Versão Internacional
11 Irmãos, quero que saibam que o evangelho por mim anunciado não é de
origem humana. 12 Não o recebi de pessoa alguma nem me foi ele ensinado; ao contrário, eu o recebi de Jesus Cristo por revelação.
13 Vocês ouviram qual foi o meu procedimento no judaísmo, como perseguia com violência a igreja de Deus, procurando destruí-la. 14 No judaís-
mo, eu superava a maioria dos judeus da minha idade, e era extremamente zeloso das tradições dos meus antepassados. 15 Mas Deus me separou desde o
ventre materno e me chamou por sua graça. Quando lhe agradou 16 revelar
o seu Filho em mim para que eu o anunciasse entre os gentios, não consultei pessoa alguma. 17 Tampouco subi a Jerusalém para ver os que já eram após-
tolos antes de mim, mas de imediato parti para a Arábia, e voltei outra vez a Damasco.

*18 Depois de três anos, subi a Jerusalém para conhecer Pedro pessoalmen-
te, e estive com ele quinze dias. 19 Não vi nenhum dos outros apóstolos, a não
ser Tiago, irmão do Senhor. 20 Quanto ao que lhes escrevo, afirmo diante de
Deus que não minto. 21 A seguir, fui para as regiões da Síria e da Cilícia.
22 Eu não era pessoalmente conhecido pelas igrejas da Judeia que estão em
Cristo. 23 Apenas ouviam dizer: "Aquele que antes nos perseguia, agora está
anunciando a fé que outrora procurava destruir". 24 E glorificavam a Deus
por minha causa.*

Almeida Revista e Atualizada

*11 Faço-vos, porém, saber, irmãos, que o evangelho por mim anunciado não
é segundo o homem, 12 porque eu não o recebi, nem o aprendi de homem algum,
mas mediante revelação de Jesus Cristo. 13 Porque ouvistes qual foi o meu pro-
ceder outrora no judaísmo, como sobremaneira perseguia eu a igreja de Deus
e a devastava. 14 E, na minha nação, quanto ao judaísmo, avantajava-me
a muitos da minha idade, sendo extremamente zeloso das tradições de meus
pais. 15 Quando, porém, ao que me separou antes de eu nascer e me chamou pela
sua graça, aprouve 16 revelar seu Filho em mim, para que eu o pregasse entre
os gentios, sem detença, não consultei carne e sangue, 17 nem subi a Jerusalém
para os que já eram apóstolos antes de mim, mas parti para as regiões da Ará-
bia e voltei, outra vez, para Damasco.*

*18 Decorridos três anos, então, subi a Jerusalém para avistar-me com Cefas
e permaneci com ele quinze dias; 19 e não vi outro dos apóstolos, senão Tiago,
o irmão do Senhor. 20 Ora, acerca do que vos escrevo, eis que diante de Deus
testifico que não minto. 21 Depois, fui para as regiões da Síria e da Cilícia.
22 E não era conhecido de vista das igrejas da Judéia, que estavam em Cris-
to. 23 Ouviam somente dizer: Aquele que, antes, nos perseguia, agora, prega a
fé que, outrora, procurava destruir. 24 E glorificavam a Deus a meu respeito.*

Exploração

1. Quando foi que Deus se tornou real para você e passou a ser mais que um nome ou uma ideia?

2. Por que Paulo era um candidato "improvável" para se tornar cristão, muito menos para ser o principal missionário de Deus? (cf. At 9.1-20.)

3. Por que Paulo insiste em dizer que não recebeu conselhos nem ajuda após sua conversão?

4. Por que as pessoas ficam tão fanáticas com relação à religião? Como distinguir o zelo e a paixão do fanatismo?

5. O que o testemunho de Paulo (especialmente o v. 15) revela a respeito da paciência e da misericórdia de Deus?

Inspiração

Por mais que o povo de Deus tivesse se esquecido de Deus, ele não se esqueceu deles. Ele manteve sua palavra...

Deus não desistiu. Ele nunca desiste.

Quando José foi jogado no fundo do poço por seus irmãos, Deus não desistiu.

Quando Moisés disse: "Ah, Senhor! Peço-te que envies outra pessoa", Deus não desistiu.

Quando os israelitas libertos queriam a escravidão no Egito em vez de leite e mel, Deus não desistiu.

Quando Arão criou um deus falso enquanto Moisés estava com o verdadeiro, Deus não desistiu.

Quando somente dois dos dez espias acharam que o Criador tinha poder suficiente para lhes conceder a criação, Deus não desistiu.

Quando Sansão sussurrou a Dalila, quando Saul gritou com Davi, quando Davi maquinou contra Urias, Deus não desistiu.

Quando a palavra de Deus ficou esquecida e os ídolos dos homens reluziam no alto, Deus não desistiu.

Quando os filhos de Israel foram levados para o cativeiro, Deus não desistiu.

Ele poderia ter desistido. Poderia ter virado as costas. Poderia ter se afastado daquele confusão miserável, mas não o fez.

Ele não desistiu.

Quando ele se fez carne e foi vítima de uma tentativa de assassinato antes mesmo de completar dois anos de idade, ele não desistiu.

Quando as pessoas de sua cidade natal tentaram empurrá-lo de um penhasco, ele não desistiu.

Quando seus irmãos o ridicularizaram, ele não desistiu.

Quando ele foi acusado de blasfemar contra Deus por pessoas que não temiam a Deus, ele não desistiu.

Quando Pedro o adorou na ceia e o amaldiçoou na fogueira, ele não desistiu.

Quando as pessoas cuspiram em seu rosto, ele não cuspiu de volta. Quando o estapearam, ele não revidou. Quando um chicote rasgou suas costas, ele não exigiu que anjos fizessem o soldado engolir o chicote.

E quando mãos humanas usaram pregos para atar as mãos divinas a uma cruz, não foram os soldados que mantiveram as mãos de Jesus firmes. Foi Deus.

TRECHO DE *SEIS HORAS DE UMA SEXTA-FEIRA*

REAÇÃO

6. Que situações em sua vida comprovam que Deus não desiste de seus filhos?

____

____

7. Que características da fé cristã indicam que ela não é fabricação humana?

8. Quão zeloso você é? Se você perdeu sua paixão por Cristo, como poderia recuperá-la?

9. Estudiosos acreditam que o período de Paulo na Arábia (v. 17) foi um tempo de estudo, reflexão e preparação. Sendo realista, como podemos encontrar tempo para refletir em meio a nossa vida agitada?

10. Paulo enfatiza que sua experiência com o Senhor foi direta, sem a mediação de outras pessoas. Quanto de seu conhecimento de Deus se baseia na experiência pessoal?

11. A conversão de Paulo resultou numa transformação radical que deixou todo mundo perplexo. Quais foram as mudanças mais significativas em sua vida desde seu encontro com Cristo?

Lições de vida

Costuma-se dizer que "os caminhos do Senhor são insondáveis". É verdade. A começar pelo evangelho da graça. O perdão incondicional e a adoção na família real de Deus oferecidos a seus inimigos? As riquezas mais gloriosas dos céus derramadas sobre os menos merecedores? Tudo parece um conto de fadas. E a coisa fica ainda mais incrível. Deus anuncia sua intenção de colaborar com gente como nós para que outros experimentem seu amor e graça. Ele poderia usar anjos ou meios sobrenaturais. O Senhor, porém, nunca desiste de nós e jamais aborta seu plano. Ele trabalha em nós e através de nós, apesar de nós. Os vilões se tornam os heróis. Que mistério! Que milagre! Que Deus maravilhoso nós servimos!

Devoção

Pai, tu me deixas maravilhado! Obrigado pela beleza e pelo poder do evangelho. Abro meu coração a ti e te convido para trabalhar em mim. Transforma-me. Faze da minha vida um tributo contínuo a tua bondade e graça.

- Para mais passagens bíblicas sobre zelo, leia Salmos 119.139; Eclesiastes 9.10; João 2.17; 4.34; Atos 18.25; Romanos 9.3; 10.1; 1Coríntios 9.22; 14.12; 2Timóteo 1.6.
- Para completar o livro de Gálatas durante este estudo em doze partes, leia Gálatas 1.10—2.10.

Para pensar

Descreva a história de sua jornada de fé.

LIÇÃO 3

Justificados perante Deus

Reflexão

Praticamente todo grupo eclesiástico ou tradição religiosa possui um código de conduta particular. Quais seriam algumas das atividades prescritas e proibidas pela comunidade espiritual em que você cresceu?

Situação

Os gálatas não judeus colocaram sua fé em Cristo, mas depois lhes foi dito que deveriam aderir às leis judaicas para garantir a aprovação de Deus. O apóstolo Pedro ajudou na confusão ao mostrar favoritismo pelos judeus. Paulo confrontou e corrigiu Pedro, além de reiterar que somente Jesus pode nos justificar perante Deus.

Observação

Leia Gálatas 2.11-21 da NVI ou da RA.

Nova Versão Internacional

11 Quando, porém, Pedro veio a Antioquia, enfrentei-o face a face, por sua
atitude condenável. 12 Pois, antes de chegarem alguns da parte de Tiago, ele
comia com os gentios. Quando, porém, eles chegaram, afastou-se e separou-se
dos gentios, temendo os que eram da circuncisão. 13 Os demais judeus também
se uniram a ele nessa hipocrisia, de modo que até Barnabé se deixou levar.
14 Quando vi que não estavam andando de acordo com a verdade do evan-
gelho, declarei a Pedro, diante de todos: "Você é judeu, mas vive como gentio e
não como judeu. Portanto, como pode obrigar gentios a viverem como judeus?
15 "Nós, judeus de nascimento e não gentios pecadores, 16 sabemos que nin-
guém é justificado pela prática da Lei, mas mediante a fé em Jesus Cristo. Assim,
nós também cremos em Cristo Jesus para sermos justificados pela fé em Cristo,
e não pela prática da Lei, porque pela prática da Lei ninguém será justificado.

17 "Se, porém, procurando ser justificados em Cristo descobrimos que nós
mesmos somos pecadores, será Cristo então ministro do pecado? De modo al-
gum! 18 Se reconstruo o que destruí, provo que sou transgressor. 19 Pois, por
meio da Lei eu morri para a Lei, a fim de viver para Deus. 20 Fui crucificado
com Cristo. Assim, já não sou eu quem vive, mas Cristo vive em mim. A vida
que agora vivo no corpo, vivo-a pela fé no Filho de Deus, que me amou e se
entregou por mim. 21 Não anulo a graça de Deus; pois, se a justiça vem pela
Lei, Cristo morreu inutilmente!"

Almeida Revista e Atualizada

11 Quando, porém, Cefas veio a Antioquia, resisti-lhe face a face, porque
se tornara repreensível. 12 Com efeito, antes de chegarem alguns da parte de
Tiago, comia com os gentios; quando, porém, chegaram, afastou-se e, por fim,
veio a apartar-se, temendo os da circuncisão. 13 E também os demais judeus
dissimularam com ele, a ponto de o próprio Barnabé ter-se deixado levar pela
dissimulação deles. 14 Quando, porém, vi que não procediam corretamente se-
gundo a verdade do evangelho, disse a Cefas, na presença de todos: se, sendo tu
judeu, vives como gentio e não como judeu, por que obrigas os gentios a vive-
rem como judeus? 15 Nós, judeus por natureza e não pecadores dentre os gen-
tios, 16 sabendo, contudo, que o homem não é justificado por obras da lei, e sim
mediante a fé em Cristo Jesus, também temos crido em Cristo Jesus, para que
fôssemos justificados pela fé em Cristo e não por obras da lei, pois, por obras da
lei, ninguém será justificado. 17 Mas se, procurando ser justificados em Cris-
to, fomos nós mesmos também achados pecadores, dar-se-á o caso de ser Cristo
ministro do pecado? Certo que não! 18 Porque, se torno a edificar aquilo que
destruí, a mim mesmo me constituo transgressor. 19 Porque eu, mediante a
própria lei, morri para a lei, a fim de viver para Deus. Estou crucificado com
Cristo; 20 logo, já não sou eu quem vive, mas Cristo vive em mim; e esse viver
que, agora, tenho na carne, vivo pela fé no Filho de Deus, que me amou e a si
mesmo se entregou por mim. 21 Não anulo a graça de Deus; pois, se a justiça é
mediante a lei, segue-se que morreu Cristo em vão.

Exploração

1. Que atitude de Pedro levou Paulo a acusá-lo de hipocrisia?

____

____

2. Em quais sentidos os cristãos atuais são culpados de apresentar uma imagem distorcida do evangelho da graça?

3. Em que ocasião um cristão deve confrontar outro cristão em particular, e quando esses desacordos devem ser tratados publicamente?

4. O que significa a palavra "justificado" (mencionada três vezes no v. 16)?

5. Sempre houve quem dissesse que a "ênfase excessiva na graça" encoraja as pessoas a acreditar que podem viver como quiserem. Essa preocupação é válida?

Inspiração

Jesus fez por nós o que eu fiz para uma de minhas filhas numa loja do Aeroporto de LaGuardia, em Nova York. Na placa acima das peças de cerâmica, lia-se: *Não toque.* Mas o desejo era mais forte que o aviso, e ela tocou. E a peça tombou. Quando olhei, Sara, de dez anos, segurava os dois pedaços da escultura, um arranha-céus de Nova York. Ao lado dela, o gerente da loja, nada contente. Acima dos dois, o sinal de aviso. Entre nós, um silêncio nervoso. Minha filha não tinha dinheiro. O gerente não tinha misericórdia. Então, eu fiz o que os pais fazem: me intrometi na história. "Quanto nós devemos ao senhor?", perguntei.

Como assim eu devia algo? Simples. Ela era minha filha. E, uma vez que ela não podia pagar, eu paguei.

Uma vez que você e eu não podemos pagar, Cristo pagou. Quebramos muito mais que *souvenirs*. Quebramos mandamentos, promessas e, pior de tudo, partimos o coração de Deus.

Mas Cristo vê nossa condição. Com a lei na parede e os mandamentos despedaçados no chão, ele se aproxima (como um vizinho) e oferece uma dádiva (como um Salvador).

E o que nós devemos? Nós devemos a Deus uma vida perfeita. Obediência perfeita a todo mandamento. Não só ao mandamento do batismo, mas aos mandamentos da humildade, da honestidade, da integridade. Somos incapazes de corresponder. Seria o mesmo que nos cobrar pelos prédios de toda a cidade. Mas Cristo pode, e de fato o fez.

TRECHO DE *O SALVADOR MORA AO LADO*

REAÇÃO

6. Por que tantas pessoas têm dificuldade de entender e acolher as ações de Cristo em seu favor?

___

___

7. Se Paulo não tivesse se pronunciado contra o comportamento inconsistente de Pedro, o que poderia ter acontecido?

___

___

8. Sob quais circunstâncias você iria ou deveria se levantar contra um líder espiritual influente?

___

___

9. De que maneiras os cristãos atuais vivem por regras em vez de viver pela fé?

___

___

10. O que você diria a um amigo que lhe fizesse a seguinte pergunta: "Se a salvação é um dom gratuito e é baseada no que Cristo já fez por mim, por que minha maneira de viver importa"?

____

____

11. Se a partir de amanhã você começar a viver de acordo com Gálatas 2.20, como será sua vida?

____

____

Lições de vida

Tentar se justificar com Deus cumprindo um monte de regras religiosas é uma fórmula fadada à frustração e ao fracasso. Primeiro problema: Quais seriam essas regras? Os requisitos variariam de religião para religião, de pessoa para pessoa e de geração para geração. E se você usar a lista errada? Segundo problema: Qual a definição exata de "cumprir" regras? Temos de segui-las à perfeição? Ou temos permissão de cometer um número razoável de erros e tropeços? E o que se entende por "razoável"? O evangelho de Cristo elimina toda essa confusão ao declarar de forma categórica que ninguém, a não ser Cristo, é bom o suficiente. Somente pela fé nele, somente pela confiança nos esforços dele em nosso favor, é que somos qualificados para o céu.

Devoção

Pai, não somos justificados diante de ti por meio de esforços humanos, e não permanecemos justificados em tua presença por meio de obras. Viver em tua graça significa viver na total dependência de Cristo.

- Para mais passagens bíblicas sobre salvação pela graça, leia Romanos 5.15; 11.6; Efésios 2.4-10; Tito 2.11.
- Para completar o livro de Gálatas durante este estudo em doze partes, leia Gálatas 2.11-21.

Para pensar

Analisando seus padrões de vida, que comportamentos específicos poderiam ser considerados: 1) legalistas; 2) abusivos da graça infindável de Deus; e 3) exemplos de verdadeira liberdade em Cristo?

SOMENTE A FÉ!

REFLEXÃO
A fé é uma dessas palavras que usamos muito, mas, provavelmente, não a demonstramos da forma devida. Deveria ser um verbo, na verdade, algo que *fazemos* ativamente. Em nossa linguagem, porém, é um substantivo, apenas mais uma qualidade de caráter que tentamos adquirir. Quais são as verdadeiras características de alguém que possui uma fé viva e ativa?

SITUAÇÃO
Com urgência e intensidade, o apóstolo Paulo admoesta os cristãos na Galácia a relembrarem a verdade fundamental do cristianismo: assim como chegamos a Cristo somente pela fé, agora também andamos com ele somente pela fé. Obras religiosas, por maiores que sejam, não obtêm aprovação maior de Deus.

OBSERVAÇÃO
Leia Gálatas 3.1-9 da NVI ou da RA.

Nova Versão Internacional
1 Ó gálatas insensatos! Quem os enfeitiçou? Não foi diante dos seus olhos
que Jesus Cristo foi exposto como crucificado? 2 Gostaria de saber apenas uma
coisa: foi pela prática da Lei que vocês receberam o Espírito, ou pela fé naquilo
que ouviram? 3 Será que vocês são tão insensatos que, tendo começado pelo Es-
pírito, querem agora se aperfeiçoar pelo esforço próprio? 4 Será que foi inútil
sofrerem tantas coisas? Se é que foi inútil! 5 Aquele que lhes dá o seu Espírito
e opera milagres entre vocês realiza essas coisas pela prática da Lei ou pela fé
com a qual receberam a palavra?
6 Considerem o exemplo de Abraão: "Ele creu em Deus, e isso lhe foi cre-
ditado como justiça". 7 Estejam certos, portanto, de que os que são da fé, estes é

que são filhos de Abraão. 8 *Prevendo a Escritura que Deus justificaria os gentios pela fé, anunciou primeiro as boas novas a Abraão: "Por meio de você todas as nações serão abençoadas".* 9 *Assim, os que são da fé são abençoados junto com Abraão, homem de fé.*

Almeida Revista e Atualizada

1 *Ó gálatas insensatos! Quem vos fascinou a vós outros, ante cujos olhos foi Jesus Cristo exposto como crucificado?* 2 *Quero apenas saber isto de vós: recebestes o Espírito pelas obras da lei ou pela pregação da fé?* 3 *Sois assim insensatos que, tendo começado no Espírito, estejais, agora, vos aperfeiçoando na carne?* 4 *Terá sido em vão que tantas coisas sofrestes? Se, na verdade, foram em vão.* 5 *Aquele, pois, que vos concede o Espírito e que opera milagres entre vós, porventura, o faz pelas obras da lei ou pela pregação da fé?*

6 *É o caso de Abraão, que creu em Deus, e isso lhe foi imputado para justiça.* 7 *Sabei, pois, que os da fé é que são filhos de Abraão.* 8 *Ora, tendo a Escritura previsto que Deus justificaria pela fé os gentios, preanunciou o evangelho a Abraão:*

Em ti, serão abençoados todos os povos.

9 *De modo que os da fé são abençoados com o crente Abraão.*

Exploração

1. Por que Paulo usa linguagem e tom tão enérgicos em sua carta aos gálatas?

2. Que papel o Espírito Santo desempenha em nossa conversão e transformação final?

3. Como os cristãos podem inibir a obra do Espírito Santo?

4. Por que Paulo menciona Abraão, o santo do Antigo Testamento?

---

5. Paulo faz distinção entre a vida que é dependente do Espírito Santo e aquela que depende, sobretudo, do esforço humano. Em termos práticos, qual é a diferença entre elas?

Inspiração

A verdadeira questão não é "como obtenho mais do Espírito", mas sim, "como o Espírito pode obter mais de mim". Para essa pergunta, esperamos uma resposta nível Madre Tereza. Construa um orfanato. Memorize Levítico. Dê banho em leprosos. Permaneça acordado durante a leitura dos livros do Lucado. "Faça isso e ficará cheio do Espírito", acreditamos.

"Faça isso e ficará cheio de cansaço", corrige Deus. Você deseja o Espírito de Deus? Aqui está o que você deve fazer. Peça. "Pois todo o que pede, recebe [...] Se vocês, apesar de serem maus, sabem dar boas coisas aos seus filhos, quanto mais o Pai que está nos céus dará o Espírito Santo a quem o pedir!" (Lc 11.10,13).

O Espírito enche enquanto as orações fluem. Deseja ser cheio de força? É claro que sim! Então ore: "Senhor, eu recebo tua energia. Capacitado pelo teu Espírito Santo, posso fazer todas as coisas por meio de Cristo, que me concede força". Receba o Espírito em cada cômodo de seu coração.

Fiz algo semelhante com o ar do meu aparelho de ar condicionado. Durante meus estudos na sala de jantar, o ar fresco me envolve. Do lado de fora, a calçada ferve no calor. Dentro de casa, porém, o frio é digno do Alasca. Por quê? Duas razões. Há um compressor ao lado de minha casa. Eu não o construí nem o instalei. Veio com a hipoteca. Dê os créditos pela casa fresca a um bom compressor.

Mas dê os créditos também às saídas de vento. Eu não instalei os "formadores de ar", mas abri os "bloqueadores de ar". O ar fresco enche a casa porque as saídas estão abertas. Fui de cômodo a cômodo, abrindo as travas e liberando o ar. O Espírito Santo encherá sua vida quando você fizer o mesmo: quando, de cômodo a cômodo, você convidá-lo a entrar.

Tente o seguinte: antes de sair da cama, acompanhe mentalmente o Espírito a cada cômodo de sua casa. Antes de seus pés tocarem o chão, abra cada saída de ar. Raiva no quarto? Dívidas espalhadas pela mesa? Conflitos no escritório? Precisa de ar no porão ou de uma mudança de atmosfera nos corredores? Convide o Espírito para encher cada espaço de sua vida.

TRECHO DE *QUEM TEM SEDE VENHA*

REAÇÃO

6. Como você percebe que está cheio do Espírito de Deus?

____

____

7. Quando foi a última vez que um cristão mais velho e sábio desafiou você a repensar um conceito ou uma prática espiritual em sua vida?

____

____

8. Em que momento o cristão percebe que parou de viver pela fé e começou a confiar na "carne" (v. 3, RA)?

____

____

9. Em quais sentidos você se considera parecido com Abraão?

____

____

10. Por que Satanás trabalha tanto para obscurecer o evangelho? Como ele distorceu as boas-novas em nossa época?

---

11. Você consegue pensar em maneiras específicas de abrir sua vida ao Espírito de Deus?

Lições de vida

Assim como Abraão, nós somos justificados perante Deus somente pela fé. E assim como ele, somos comissionados a abençoar todas as nações, partilhando e mostrando as boas-novas do perdão divino. A intenção de Deus é que agora, perdoados e livres, nós sejamos faróis de esperança e vida para o mundo. No entanto, quando nos esquecemos de que a salvação é pela graça, deixamos de brilhar. Viver pelo próprio esforço obscurece nosso coração e enfraquece nosso entusiasmo. Além disso, quando caímos na armadilha de tentar obter a aprovação de Deus, vendemos uma imagem enganosa e pouco atraente daquilo que significa ser filho de Deus. Deleite-se com a estonteante notícia de que você *já é* plenamente aceito em Cristo. Em seguida, viva passando adiante essa maravilhosa graça.

Devoção

Ó Senhor, impede-me de ser enganado. Protege-me da crença insensata de que sou capaz de fazer algo para merecer tua aprovação contínua. Mostra-me como viver livre e pleno na graça do teu Espírito.

- Para mais passagens bíblicas sobre legalismo, leia Marcos 2.24; Lucas 6.2; 13.14; João 5.10; Atos 15.5; 16.3; 21.20; 22.3; Romanos 10.2; Gálatas 1.14.

- Para completar o livro de Gálatas durante este estudo em doze partes, leia Gálatas 3.1-9.

Para pensar

Usando Gálatas 5.22-23 como medida, analise sua caminhada de fé.

A LEI E A PROMESSA

REFLEXÃO

Quando o assunto é fé, algumas pessoas ficam extremamente sérias — quase ao ponto da austeridade. Outros lidam com o tema de forma mais alegre e despreocupada. Os grupos mais sérios passam muito mais tempo olhando para trás (ou para dentro); os mais despreocupados costumam olhar para frente. O primeiro tende a errar pelo lado do legalismo, e o segundo, pelo lado da libertinagem. Qual desses caminhos você tende a seguir?

SITUAÇÃO

O apóstolo Paulo instrui os cristãos gálatas a não darem atenção a falsos mestres, que os incitam a substituir a liberdade que têm em Cristo pela escravidão à lei judaica. Aqui ele mostra por que as regras religiosas são incapazes de ajudar alguém a justificar-se perante Deus e por que somente Cristo é capaz de nos salvar.

OBSERVAÇÃO

Leia Gálatas 3.10-18 da NVI ou da RA.

Nova Versão Internacional

10 *Já os que se apoiam na prática da Lei estão debaixo de maldição, pois*
está escrito: "Maldito todo aquele que não persiste em praticar todas as coisas
escritas no livro da Lei". 11 *É evidente que diante de Deus ninguém é justi-*
ficado pela Lei, pois "o justo viverá pela fé". 12 *A Lei não é baseada na fé; ao*
contrário, "quem praticar estas coisas, por elas viverá". 13 *Cristo nos redimiu*
da maldição da Lei quando se tornou maldição em nosso lugar, pois está escri-
to: "Maldito todo aquele que for pendurado num madeiro". 14 *Isso para que em*

Cristo Jesus a bênção de Abraão chegasse também aos gentios, para que rece-
bêssemos a promessa do Espírito mediante a fé.
15 *Irmãos, humanamente falando, ninguém pode anular um testamento*
depois de ratificado, nem acrescentar-lhe algo. 16 *Assim também as promessas*
foram feitas a Abraão e ao seu descendente. A Escritura não diz: "E aos seus
descendentes", como se falando de muitos, mas: "Ao seu descendente", dando a
entender que se trata de um só, isto é, Cristo. 17 *Quero dizer isto: A Lei, que*
veio quatrocentos e trinta anos depois, não anula a aliança previamente es-
tabelecida por Deus, de modo que venha a invalidar a promessa. 18 *Pois, se a*
herança depende da Lei, já não depende de promessa. Deus, porém, concedeu-
-a gratuitamente a Abraão mediante promessa.

Almeida Revista e Atualizada

10 *Todos quantos, pois, são das obras da lei estão debaixo de maldição; por-*
que está escrito:

Maldito todo aquele que não permanece em todas as coisas escritas no Li-
vro da lei, para praticá-las.

11 *E é evidente que, pela lei, ninguém é justificado diante de Deus, porque*
o justo viverá pela fé.

12 *Ora, a lei não procede de fé, mas:*
Aquele que observar os seus preceitos por eles viverá.

13 *Cristo nos resgatou da maldição da lei, fazendo-se ele próprio maldição em*
nosso lugar (porque está escrito:
Maldito todo aquele que for pendurado em madeiro),

14 *para que a bênção de Abraão chegasse aos gentios, em Jesus Cristo, a fim de*
que recebêssemos, pela fé, o Espírito prometido.

15 *Irmãos, falo como homem. Ainda que uma aliança seja meramente hu-*
mana, uma vez ratificada, ninguém a revoga ou lhe acrescenta alguma coisa.
16 *Ora, as promessas foram feitas a Abraão e ao seu descendente. Não diz: E*
aos descendentes, como se falando de muitos, porém como de um só: E ao teu
descendente, que é Cristo. 17 *E digo isto: uma aliança já anteriormente confir-*
mada por Deus, a lei, que veio quatrocentos e trinta anos depois, não a pode
ab-rogar, de forma que venha a desfazer a promessa. 18 *Porque, se a herança*
provém de lei, já não decorre de promessa; mas foi pela promessa que Deus a
concedeu gratuitamente a Abraão.

Exploração

1. Por que Paulo diz que aqueles cuja espiritualidade consiste em "observar regras religiosas" estão debaixo de maldição?

2. E o que dizer daquela pessoa rara que demonstra devoção radical a Deus, vive de forma abnegada e nunca é vista fazendo algo errado? Isso tem algum valor aos olhos de Deus?

3. A Bíblia nos diz que "o justo viverá pela fé" (v. 11, RA). Qual o significado dessa importante afirmação?

4. Ao que parece, alguns dos falsos mestres na Gálacia afirmavam que a lei dada a Moisés era o cumprimento da promessa feita a Abraão. Como Paulo refuta essa ideia?

5. Por que os fariseus, tão zelosos em relação à lei, ficaram tão confusos e se opuseram tanto a Cristo?

Inspiração

Tenho um quadro de Jesus rindo. Está pendurado na parede em frente a minha mesa.

É um retrato incrível. A cabeça inclinada. A boca aberta. Os olhos brilhantes. Ele não está apenas sorrindo. Não está rindo de forma sutil. Ele chega a rugir. É uma gargalhada incomum, daquelas que só ocorrem em circunstâncias especiais. Ele tem dificuldades de recuperar o fôlego.

Ganhei o quadro de um sacerdote episcopal que carrega charutos no bolso e coleciona retratos de Jesus sorrindo. "Eu os dou a qualquer pessoa que tenha a possível tendência de levar Deus extremamente a sério", explicou ele ao me entregar o presente.

Serviu como uma luva.

Eu não sou do tipo que imagina um Deus sorrindo. Um Deus lamentando, sim. Um Deus com raiva, OK. Um Deus poderoso, com certeza. Mas um Deus gargalhando? Parece muito... muito... muito diferente do que Deus deveria fazer — e ser. O que só mostra quanto eu sei — ou não sei — sobre Deus.

O que eu acho que ele estava fazendo quando esticou o pescoço da girafa? Um exercício de engenharia? O que eu acho que ele tinha em mente quando disse à avestruz onde colocar a cabeça? Espeleologia? O que eu acho que ele estava fazendo quando projetou o grito de acasalamento do macaco? Ou as oito pernas do polvo? E o que eu visualizo em seu rosto quando imagino sua expressão ao ver aquele primeiro olhar de Adão em Eva? Um bocejo?

Dificilmente.

Quando minha visão melhora e sou capaz de enxergar sem meus óculos embaçados, vejo que o senso de humor talvez seja a única maneira de Deus nos aturar por tanto tempo.

É dele aquele sorriso enquanto Moisés esfrega os olhos diante da sarça ardente falante?

É ele sorrindo enquanto Jonas desembarca na praia, pingando sucos gástricos e com cheiro de peixe?

É ele com brilho nos olhos enquanto observa os discípulos alimentando milhares de pessoas com o lanche de um rapaz?

Você acha que o rosto dele fica inexpressivo enquanto fala sobre o sujeito com a trava no olho apontando para o cisco no olho do amigo?

Consegue mesmo imaginar Jesus com expressão séria abraçando criancinhas?

Não, eu acho que Jesus sorriu. Acho que ele riu um pouco das pessoas e um monte com elas.

Trecho de *No olho do furacão*

Reação

6. Como essa imagem de um Cristo cheio de alegria contrasta com a natureza austera e legalista de muitos cristãos?

7. "Maldito todo aquele que não persiste em praticar todas as coisas escritas no livro da Lei" (v. 10; cf. tb. Tg 2.10). Isso parece justo para você?

8. Em que sentido as boas-novas de Cristo "aliviam a pressão" dos cristãos?

9. Liste algumas das bênçãos espirituais que nos pertencem porque Cristo "se tornou maldição em nosso lugar" (v. 13).

10. Em sua opinião, como você teria se saído espiritualmente se fosse um judeu devoto na época do Antigo Testamento?

11. Que pessoas em sua esfera de influência acreditam que a justificação perante Deus depende de uma vida boa e correta? Como você pode ajudá-las a enxergar a verdade da graça?

Lições de vida

Você não adoraria ter um vídeo mostrando o encontro de Jesus com Zaqueu (Lc 19.1-10)? Os líderes religiosos obcecados com a lei olhando, chocados, enquanto Jesus faz amizade com um trapaceiro famigerado. Empenhados em obter a aprovação de Deus por meio de seus esforços religiosos, esses fariseus e escribas são duros e críticos. Desaprovam tudo. Acham que veem, mas estão cegos. Vivem presos a seu orgulho tolo. A poucos metros de distância está Jesus, sorrindo, convidando-se para o jantar. Ele é cativante e gracioso. Oferece liberdade incondicional dos erros do passado, além de um novo começo. Existe imagem melhor da graça que concede vida? Existe ilustração mais sombria da morte decorrente da tentativa de obter-se o favor de Deus?

Devoção

Jesus, que maravilhoso Salvador tu és! Obrigado por te colocares debaixo da maldição que me era reservada. Eu te louvo por me abençoares com a graciosa dádiva da vida eterna. Que eu possa propagar essa grande promessa e esperança a todos ao meu redor.

- Para mais passagens bíblicas sobre a inferioridade da lei, leia Romanos 3.19-20; 4.13-25; 8.3; Gálatas 5.4-6; Hebreus 3.1-6; 8.7-13.
- Para completar o livro de Gálatas durante este estudo em doze partes, leia Gálatas 3.10-18.

Para pensar

Antes de experimentar a graça e entender o amor incondicional de Cristo, alguma vez você se sentiu “amaldiçoado” espiritualmente?

LIÇÃO 6

O PROPÓSITO DA LEI

REFLEXÃO

Todos já tivemos a experiência de tentar evitar certas tentações, como sair à procura de presentes escondidos na véspera de Natal na infância ou, quando adultos, resistir à proposta de uma sobremesa suculenta. Explique a síndrome do "fruto proibido": por que algo que está fora de alcance parece ainda mais tentador?

SITUAÇÃO

Se as pessoas não são salvas pela observância diligente das regras de Deus, qual é, então, a finalidade de todas essas leis antigas? Paulo responde a essa pergunta na seguinte passagem de sua carta aos gálatas.

OBSERVAÇÃO

Leia Gálatas 3.19-29 da NVI ou da RA.

Nova Versão Internacional

19 Qual era então o propósito da Lei? Foi acrescentada por causa das trans-
gressões, até que viesse o Descendente a quem se referia a promessa, e foi pro-
mulgada por meio de anjos, pela mão de um mediador. 20 Contudo, o mediador
representa mais de um; Deus, porém, é um.

21 Então, a Lei opõe-se às promessas de Deus? De maneira nenhuma! Pois,
se tivesse sido dada uma lei que pudesse conceder vida, certamente a justiça vi-
ria da lei. 22 Mas a Escritura encerrou tudo debaixo do pecado, a fim de que a
promessa, que é pela fé em Jesus Cristo, fosse dada aos que creem.

23 Antes que viesse essa fé, estávamos sob a custódia da Lei, nela encerra-
dos, até que a fé que haveria de vir fosse revelada. 24 Assim, a Lei foi o nosso
tutor até Cristo, para que fôssemos justificados pela fé. 25 Agora, porém, tendo
chegado a fé, já não estamos mais sob o controle do tutor.

26 Todos vocês são filhos de Deus mediante a fé em Cristo Jesus, 27 pois os que em Cristo foram batizados, de Cristo se revestiram. 28 Não há judeu nem grego, escravo nem livre, homem nem mulher; pois todos são um em Cristo Jesus. 29 E, se vocês são de Cristo, são descendência de Abraão e herdeiros segundo a promessa.

Almeida Revista e Atualizada

19 Qual, pois, a razão de ser da lei? Foi adicionada por causa das transgressões, até que viesse o descendente a quem se fez a promessa, e foi promulgada por meio de anjos, pela mão de um mediador. 20 Ora, o mediador não é de um, mas Deus é um. 21 É, porventura, a lei contrária às promessas de Deus? De modo nenhum! Porque, se fosse promulgada uma lei que pudesse dar vida, a justiça, na verdade, seria procedente de lei. 22 Mas a Escritura encerrou tudo sob o pecado, para que, mediante a fé em Jesus Cristo, fosse a promessa concedida aos que creem.

23 Mas, antes que viesse a fé, estávamos sob a tutela da lei e nela encerrados, para essa fé que, de futuro, haveria de revelar-se. 24 De maneira que a lei nos serviu de aio para nos conduzir a Cristo, a fim de que fôssemos justificados por fé. 25 Mas, tendo vindo a fé, já não permanecemos subordinados ao aio. 26 Pois todos vós sois filhos de Deus mediante a fé em Cristo Jesus; 27 porque todos quantos fostes batizados em Cristo de Cristo vos revestistes. 28 Dessarte, não pode haver judeu nem grego; nem escravo nem liberto; nem homem nem mulher; porque todos vós sois um em Cristo Jesus. 29 E, se sois de Cristo, também sois descendentes de Abraão e herdeiros segundo a promessa.

Exploração

1. Por que não somos capazes de cumprir a lei de Deus?

2. Se a lei não pode nos salvar, por que Deus a deu para nós?

3. O legalismo é a crença de que, cumprindo certas regras, seremos mais aceitáveis aos olhos de Deus. Por que essa crença é equivocada?

____

____

4. A lei de Deus é algo bom ou ruim? Por quê?

____

____

5. Que papel positivo a lei de Deus desempenha em nossa vida espiritual?

____

____

Inspiração

Lembra-se dos bons e velhos tempos em que os cartões de crédito eram marcados de forma manual? O balconista pegava seu cartão, colocava na máquina de impressão e *rrac-rrac*, os números eram registrados e a compra estava concluída.

Se o ruído não chamasse sua atenção, o demonstrativo no final do mês faria o serviço. Trinta dias é bastante tempo para acumular compras suficientes para *rrac-rraquear* seu orçamento.

E uma vida inteira é suficiente para *rrac-rraquear* algum débito importante no céu.

Você berra com seus filhos, *rrac-rrac.*

Você cobiça o carro de um amigo, *rrac-rrac.*

Você inveja o sucesso de seu vizinho, *rrac-rrac.*

Você quebra uma promessa, *rrac-rrac.*

Você mente, *rrac-rrac.*

Você perde o controle, *rrac-rrac...*

Mais e mais débitos.

De início, tentamos pagar a dívida... Cada oração é um cheque preenchido, e cada boa ação, um pagamento feito. Se fizéssemos uma boa ação para cada ato mau, nosso saldo bancário ficaria balanceado, certo? Se eu posso compensar minhas ofensas com elogios, minha luxúria com fidelidade, minhas reclamações com contribuições, meus vícios com vitórias, minha conta não seria justificada?

Aí reside o problema. Como lidar com a dívida que tenho para com Deus?

Negá-la? Minha consciência não permite.

Achar pecados piores nos outros? Deus não cairia nessa.

Alegar imunidade por filiação? Orgulho familiar não ajudaria em nada.

Tentar compensar? Poderia ser, mas isso nos conduz de volta ao problema. Não conhecemos o custo do pecado. Nem sequer sabemos qual o valor de nossa dívida.

Então o que fazemos? Veja a resposta de Paulo.

> Pois todos pecaram e estão destituídos da glória de Deus, sendo justificados gratuitamente por sua graça, por meio da redenção que há em Cristo Jesus. Deus o ofereceu como sacrifício para propiciação mediante a fé, pelo seu sangue, demonstrando a sua justiça.
>
> Romanos 3.24-25

Simplificando: O custo de seus pecados é maior do que você pode pagar. O presente de seu Deus é maior do que você pode imaginar. "O homem é justificado pela fé", explica Paulo, "independente da obediência à Lei" (v. 28).

TRECHO DE *NAS GARRAS DA GRAÇA*

REAÇÃO

6. Por que é tão difícil que pessoas *em grande parte* decentes acreditem que estão aquém do padrão perfeito de Deus (Rm 3.23)?

___

___

7. Em que sentido a lei de Deus é um meio para um fim?

___

___

8. Qual é a importância de ler e estudar o Antigo Testamento?

9. O que Paulo quer dizer quando chama a lei de "o nosso tutor até Cristo" (v. 24)?

10. Se a lei de Deus não pode gerar vida espiritual (v. 21), onde surge a vida espiritual?

11. A quais hábitos ou ações "religiosas" você se apega, acreditando, em alguma medida, que Deus gosta mais de você ou o aprova mais quando você as pratica?

Lições de vida

Na época de Cristo, os escribas legalistas tinham dissecado e catalogado a Torá (os cinco primeiros livros da Bíblia) alistando 613 mandamentos — 365 do tipo "não faça" e 248 do tipo "faça". Havia também diversos rabinos (ou mestres) que debatiam incessantemente entre si sobre como a pessoa temente a Deus deveria interpretar e aplicar esses decretos divinos. Cada rabi tinha sua própria interpretação das coisas, seu próprio "jugo" (forma de entender e seguir a Torá). O resultado: um estilo de vida confuso, muitas vezes contraditório, sempre exaustivo. Entra em cena o rabi Jesus. Ele oferece um novo "jugo" (cf. Mt 11.28-30), um novo e radical estilo de vida, que começa quando alguém "vem a ele" (cf. Jo 6.35,37). Essa era a forma de Jesus dizer que temos paz com Deus e entramos na vida verdadeira não quando nos esforçamos para ser bons, mas quando confiamos em Jesus para lidar com nossos pecados e nos conceder sua justiça.

Devoção

Senhor Jesus, muito obrigado por me concederes liberdade em ti. Eu te louvo pelo incrível fato de estar justificado perante Deus pela graça, pela confiança em teu pagamento por meus pecados. Tu gravaste tua lei em meu coração e me deste teu Espírito. Ajuda-me a ouvir a voz do Espírito e a seguir sua direção.

- Para mais passagens bíblicas sobre o propósito da lei, leia Romanos 3.20; 5.20; 7.7; Efésios 2.15; 1Timóteo 1.9; Hebreus 7.19.
- Para completar o livro de Gálatas durante este estudo em doze partes, leia Gálatas 3.19-29.

Para pensar

Leia o salmo 119 e registre aqui suas impressões.

LIÇÃO 7

FILHOS DE DEUS

REFLEXÃO

É comum ouvir pessoas fazendo comentários do tipo: "Não importa se você é cristão, hindu, muçulmano ou quem for; a verdade é que somos *todos* filhos de Deus". Qual é sua opinião a esse respeito? É verdade, parcialmente verdade ou mentira completa?

SITUAÇÃO

Paulo está escrevendo aos cristãos na Galácia, que, por sua vez, estão ouvindo falsos mestres dizerem que a justificação perante Deus exige não somente fé em Cristo, mas aderência à lei de Moisés. Ele mostra que a lei nos foi concedida visando apenas apontar a Cristo. Ela não pode nos salvar. Somente pela fé é que podemos nos tornar verdadeiros filhos de Deus.

OBSERVAÇÃO

Leia Gálatas 4.1-11 da NVI ou da RA.

Nova Versão Internacional

1 Digo porém que, enquanto o herdeiro é menor de idade, em nada difere
de um escravo, embora seja dono de tudo. 2 No entanto, ele está sujeito a guar-
diães e administradores até o tempo determinado por seu pai. 3 Assim também
nós, quando éramos menores, estávamos escravizados aos princípios elemen-
tares do mundo. 4 Mas, quando chegou a plenitude do tempo, Deus enviou seu
Filho, nascido de mulher, nascido debaixo da Lei, 5 a fim de redimir os que
estavam sob a Lei, para que recebêssemos a adoção de filhos. 6 E, porque vocês
são filhos, Deus enviou o Espírito de seu Filho ao coração de vocês, e ele clama:
"Aba, Pai". 7 Assim, você já não é mais escravo, mas filho; e, por ser filho, Deus
também o tornou herdeiro.

*8 Antes, quando vocês não conheciam a Deus, eram escravos daqueles que,
por natureza, não são deuses. 9 Mas agora, conhecendo a Deus, ou melhor, sendo
por ele conhecidos, como é que estão voltando àqueles mesmos princípios elemen-
tares, fracos e sem poder? Querem ser escravizados por eles outra vez? 10 Vocês
estão observando dias especiais, meses, ocasiões específicas e anos! 11 Temo que
os meus esforços por vocês tenham sido inúteis.*

Almeida Revista e Atualizada

*1 Digo, pois, que, durante o tempo em que o herdeiro é menor, em nada di-
fere de escravo, posto que é ele senhor de tudo. 2 Mas está sob tutores e curadores
até ao tempo predeterminado pelo pai. 3 Assim, também nós, quando éramos
menores, estávamos servilmente sujeitos aos rudimentos do mundo; 4 vindo,
porém, a plenitude do tempo, Deus enviou seu Filho, nascido de mulher, nasci-
do sob a lei, 5 para resgatar os que estavam sob a lei, a fim de que recebêssemos
a adoção de filhos. 6 E, porque vós sois filhos, enviou Deus ao nosso coração o
Espírito de seu Filho, que clama: Aba, Pai! 7 De sorte que já não és escravo,
porém filho; e, sendo filho, também herdeiro por Deus.*

*8 Outrora, porém, não conhecendo a Deus, servíeis a deuses que, por na-
tureza, não o são; 9 mas agora que conheceis a Deus ou, antes, sendo conheci-
dos por Deus, como estais voltando, outra vez, aos rudimentos fracos e pobres,
aos quais, de novo, quereis ainda escravizar-vos? 10 Guardais dias, e meses,
e tempos, e anos. 11 Receio de vós tenha eu trabalhado em vão para convosco.*

Exploração

1. Releia Gálatas 3.26-29 para analisar o contexto da passagem. O que Paulo diz acerca dos cristãos na Galácia? Ele os considerava cristãos "de segunda categoria"?

2. O que Paulo está tentando dizer com sua analogia de escravos e filhos?

3. O que se entende pela seguinte afirmação: "Deus enviou seu Filho [...] para que recebêssemos a adoção de filhos" (4.4-5)?

4. Quais são os benefícios de fazer parte da família de Deus?

5. Como "herdeiros" de Deus, que tipo de herança os cristãos têm a receber?

Inspiração

Deus está construindo uma família. Uma família permanente. Famílias terrenas desfrutam de vida curta. Mesmo aqueles que escaparam do divórcio acabam separados pela morte. A família de Deus, no entanto, sobreviverá ao universo. "Por essa razão, ajoelho-me diante do Pai, do qual recebe o nome toda a família nos céus e na terra" (Ef 3.14-15).

O próprio Jesus definiu sua família de acordo com a fé, e não segundo a carne. "Havia muita gente assentada ao seu redor; e lhe disseram: 'Tua mãe e teus irmãos estão lá fora e te procuram'. 'Quem é minha mãe, e quem são meus irmãos? [...] Quem faz a vontade de Deus, este é meu irmão, minha irmã e minha mãe'" (Mc 3.32-33,35).

A crença comum identifica os membros da família de Deus. A afeição comum os une. Paulo apresenta a seguinte regra de relacionamento para a igreja: "Dediquem-se uns aos outros com amor fraternal" (Rm 12.10). O apóstolo faz o papel de artífice das palavras aqui, envolvendo o versículo com termos fraternais gêmeos. Ele começa com *philostorgos* (*philos* significa "amigável"; *storgos* significa "amor familiar") e conclui com *philadelphia* (*phileo* significa "afeição terna"; *adelphia* significa "irmandade").

Uma tradução estranha, porém precisa, do versículo seria: "Tenham uma devoção de amigo/de família uns para com os outros de um jeito amigável/familiar". Se Paulo não nos atinge com o primeiro adjetivo, ele nos acerta com o segundo. Nos dois casos ele nos lembra: a igreja é a família de Deus.

Você não me escolheu. Eu não escolhi você. Você pode não gostar de mim. Eu posso não gostar de você. Mas como Deus nos escolheu e gosta de ambos, nós somos uma família.

E tratamos uns aos outros como amigos.

Trecho de *Cure for the common life* [Cura para a vida comum]

Reação

6. Em que ocasião sua igreja ou seu círculo de amigos cristãos mais se pareceu com uma família?

____

____

7. Como as diferenças culturais, raciais e socioeconômicas dificultam que os cristãos vivam como uma família espiritual íntima e unida?

____

____

8. Paulo diz que Deus enviou Cristo na plenitude do tempo (4.4). Por que o primeiro século foi o momento adequado?

____

____

9. Você se dirige a Deus como seu "Pai" (cf. 4.6)? Sua mente e seu coração têm dificuldades de compreender esse conceito?

____

____

10. Em sua jornada pessoal neste momento, você tende a viver como escravo da lei de Deus ou como filho e herdeiro dele?

11. O que especificamente precisa mudar para que você comece a tratar outros cristãos como irmãos espirituais e herdeiros de Deus?

Lições de vida

Que bom pai ama mais um filho que a outro? Nenhum! E, no entanto, um pai sábio e atencioso demonstrará sua afeição pelos filhos de maneiras diferentes. Dependendo de fatores como personalidade, idade e situação de vida, uma mãe interagirá com seus filhos de maneiras diferentes. E assim é com Deus. Ele não lida com seus filhos exatamente da mesma forma. Muitas realidades entram em jogo. E é por isso que nunca deveríamos nos comparar com os outros nem invejar o relacionamento que outro cristão tem com Deus. Cada relacionamento com Deus é único. Ele abençoará você de certas maneiras; ele abençoará outra pessoa de maneiras diferentes. Apesar das discrepâncias, somos todos amados por seu amor perfeito e incondicional. Cada filho é estimado e é infinitamente especial. Cada filho é um herdeiro de bênçãos espirituais sem fim!

Devoção

Pai, que privilégio ser teu filho por meio da fé em Cristo. Ajuda-me a lembrar hoje que eu sou membro definitivo da família real e concede-me a sabedoria e a força para ter uma vida adequada a minha herança.

- Para mais passagens bíblicas sobre os filhos de Deus, leia Isaías 63.16; João 1.12; Romanos 8.14; 2Coríntios 6.18; Efésios 5.8; Filipenses 2.15; 1João 3.1.

- Para completar o livro de Gálatas durante este estudo em doze partes, leia Gálatas 4.1-11.

Para pensar

Em sua opinião, nossa visão de Deus como nosso "Pai" é influenciada pelo tipo de pai terreno que temos ou tivemos?

À imagem de Cristo

Reflexão

"Papagaio velho não aprende a falar", diz o ditado. "Quando a criança atinge a idade de seis anos, sua personalidade já está essencialmente formada", declaram os pesquisadores. Qual é sua opinião a esse respeito? Você conhece alguma exceção drástica à noção de que pessoas são incapazes de passar por uma mudança radical e profunda posteriormente na vida?

Situação

Paulo escreve aos cristãos gálatas para reiterar a ideia de que a salvação ocorre pela fé na promessa de Deus, e não pela aderência à lei divina. Enfatiza também o desejo de Deus de que, pela fé, seus filhos sejam transformados, a fim de se tornarem como Cristo em seus pensamentos, caráter e ações.

Observação

Leia Gálatas 4.12-20 da NVI ou da RA.

Nova Versão Internacional

[12] *Eu lhes suplico, irmãos, que se tornem como eu, pois eu me tornei como*
vocês. Em nada vocês me ofenderam; [13] *como sabem, foi por causa de uma*
doença que lhes preguei o evangelho pela primeira vez. [14] *Embora a minha*
doença lhes tenha sido uma provação, vocês não me trataram com desprezo ou
desdém; ao contrário, receberam-me como se eu fosse um anjo de Deus, como o
próprio Cristo Jesus. [15] *Que aconteceu com a alegria de vocês? Tenho certeza*
que, se fosse possível, vocês teriam arrancado os próprios olhos para dá-los a
mim. [16] *Tornei-me inimigo de vocês por lhes dizer a verdade?*

[17] *Os que fazem tanto esforço para agradá-los não agem bem, mas querem*
isolá-los a fim de que vocês também mostrem zelo por eles. [18] *É bom sempre*

ser zeloso pelo bem, e não apenas quando estou presente. [19] *Meus filhos, novamente estou sofrendo dores de parto por sua causa, até que Cristo seja formado em vocês.* [20] *Eu gostaria de estar com vocês agora e mudar o meu tom de voz, pois estou perplexo quanto a vocês.*

Almeida Revista e Atualizada

[12] *Sede qual eu sou; pois também eu sou como vós. Irmãos, assim vos suplico.*
Em nada me ofendestes. [13] *E vós sabeis que vos preguei o evangelho a primei-*
ra vez por causa de uma enfermidade física. [14] *E, posto que a minha enfermi-*
dade na carne vos foi uma tentação, contudo, não me revelastes desprezo nem
desgosto; antes, me recebestes como anjo de Deus, como o próprio Cristo Jesus.
[15] *Que é feito, pois, da vossa exultação? Pois vos dou testemunho de que, se pos-*
sível fora, teríeis arrancado os próprios olhos para mos dar. [16] *Tornei-me, por-*
ventura, vosso inimigo, por vos dizer a verdade? [17] *Os que vos obsequiam não*
o fazem sinceramente, mas querem afastar-vos de mim, para que o vosso zelo
seja em favor deles. [18] *É bom ser sempre zeloso pelo bem e não apenas quan-*
do estou presente convosco, [19] *meus filhos, por quem, de novo, sofro as dores de*
parto, até ser Cristo formado em vós; [20] *pudera eu estar presente, agora, convos-*
co e falar-vos em outro tom de voz; porque me vejo perplexo a vosso respeito.

Exploração

1. O que exatamente Paulo quer dizer quando fala de tornar-se como outras pessoas (cf. 1Co 9.22)? Como isso é diferente de ser “falso”?

____

____

2. Em que sentido a atitude e as ações dos gálatas com relação a Paulo mudaram?

____

____

3. Como a verdade pode transformar relacionamentos — para o bem ou para o mal?

____

____

4. Como os falsos mestres na Galácia, os chamados judaizantes, promoviam um tipo errado de transformação?

---

5. O que significa ter Cristo "formado" em nós (v. 19, RA)?

Inspiração

Quando minha filha Jenna era criança, eu costumava levá-la a um parque perto de nosso apartamento. Certo dia, enquanto ela brincava numa caixa de areia, um vendedor de sorvetes se aproximou. Comprei uma surpresa para ela e, quando me virei para entregar-lhe o sorvete, vi que ela estava com a boca cheia de areia. Onde eu queria pôr uma guloseima, ela havia colocado terra.

Eu a amei com sua boca suja de areia? Com certeza. Ela era menos minha filha por estar com a boca suja de areia? Claro que não. Eu permitiria que ela continuasse com areia na boca? De jeito nenhum. Eu a amava exatamente como ela era, mas me recusava a deixá-la daquele jeito. Levei minha filha até a fonte da água e lavei sua boca. Por quê? Porque eu a amo.

Deus faz o mesmo conosco. Ele nos leva até a fonte. "Cuspa a terra, meu querido", exorta nosso Pai. "Tenho algo melhor para você." Assim, ele nos limpa de nossa imundície: imoralidade, desonestidade, preconceitos, amargura, ganância. Não apreciamos a limpeza; por vezes preferimos a areia ao sorvete. "Posso comer terra se eu quiser", afirmamos, fazendo careta. O que é verdade — nós podemos. Mas, se o fizermos, a perda é nossa. Deus tem uma oferta melhor. Quer que sejamos semelhantes a Jesus.

Boas-novas não é isso? Você não está preso à personalidade de hoje. Não está fadado a viver eternamente irritado. Você é mutável. Mesmo que tenha se preocupado em cada dia de sua existência, não precisa se preocupar o resto da vida. E daí que você nasceu intolerante? Não precisa morrer assim.

Onde surgiu a ideia de que somos imutáveis? De onde vieram afirmações do tipo "É da minha natureza ficar preocupado", ou "Sempre serei pessimista; sou assim e ponto", ou "Tenho gênio difícil; não posso evitar"? Quem disse? Acaso diríamos coisas semelhantes com relação ao nosso corpo? "É da minha natureza ter uma perna quebrada. Não posso fazer nada a respeito." É claro que não. Se nosso corpo não funciona bem, buscamos ajuda. Não deveríamos fazer o mesmo com nosso coração? Não deveríamos buscar ajuda para nossas atitudes azedas? Não podemos pedir tratamento para nosso egoísmo? É claro que sim. Jesus pode mudar nosso coração. Ele quer que tenhamos um coração semelhante ao dele.

TRECHO DE *SIMPLESMENTE COMO JESUS*

REAÇÃO

6. Jesus quer mudar nosso coração. Que ferramentas ele usa para isso?

____

____

7. Por que é tão difícil mudar?

____

____

8. Que forças ou obstáculos se põem no caminho da transformação verdadeira e duradoura?

____

____

9. O que o versículo 16 revela sobre a natureza humana?

____

____

10. Em quais áreas específicas de sua vida você sente que Deus tenta produzir transformação profunda?

11. Nesta semana, como você pode ser uma força prática e positiva para gerar mudança na vida dos que estão à sua volta? Cite algumas ações práticas específicas.

Lições de vida

O objetivo da vida cristã não é o conhecimento, compreender um punhado de conceitos teológicos ou memorizar passagens enormes da Bíblia. Seguir a Cristo também não diz respeito à atividade, inscrever-se para servir sem cessar na igreja ou realizar uma lista diária de "afazeres" para Deus. O desejo final de Cristo consiste em que cada um de nós nos tornemos semelhantes a ele. Assim que nos tornamos filhos de Deus pela fé em Cristo — ao recebermos uma nova natureza (cf. 2Co 5.17) — ele deseja transformar por completo, de dentro para fora, nossa maneira de pensar, falar e agir. Ele faz isso sobretudo pela verdade de sua Palavra, pelo poder de seu Espírito e com o encorajamento de seu povo. A vida é o laboratório em que ele nos refaz visando o povo que ele concebeu no início, antes que o pecado mergulhasse o mundo em trevas e ruína. Tenha ânimo, Cristo está sendo formado em você!

Devoção

Pai, obrigado pela grandiosa promessa de que seremos transformados. Oro pedindo que eu possa cooperar plenamente com as advertências e ordenanças do teu Espírito. Dá-me olhos para ver e vontade para submeter-me a teu processo, por vezes doloroso, de transformação.

- Para mais passagens bíblicas sobre transformação, leia Romanos 8.29; 1Coríntios 15.49; 2Coríntios 3.18; Filipenses 3.21; 2Pedro 1.4; 1João 3.2.

- Para completar o livro de Gálatas durante este estudo em doze partes, leia Gálatas 4.12-20.

Para pensar

Quais são as três falhas de caráter que você mais gostaria de mudar?

Escravidão ou liberdade?

Reflexão

Há muitas histórias bíblicas incríveis no Antigo Testamento — Noé e a arca, a travessia do mar Vermelho, Davi *versus* Golias. Qual dessas histórias você considera, hoje, a mais inspiradora espiritualmente em sua vida? Por quê?

Situação

Sob a pressão de alguns falsos mestres persuasivos, a igreja na Galácia estava prestes a adotar uma espiritualidade eclética que misturava a graça de Cristo com a lei do judaísmo. Paulo usou a história de Sara e Hagar do Antigo Testamento (cf. Gn 16) para ilustrar a profunda diferença entre viver pela lei e viver pela graça.

Observação

Leia Gálatas 4.21—5.1 da NVI ou da RA.

Nova Versão Internacional

21 Digam-me vocês, os que querem estar debaixo da Lei: Acaso vocês não ouvem a Lei? 22 Pois está escrito que Abraão teve dois filhos, um da escrava e outro da livre. 23 O filho da escrava nasceu de modo natural, mas o filho da livre nasceu mediante promessa.

24 Isto é usado aqui como uma ilustração; estas mulheres representam duas alianças. Uma aliança procede do monte Sinai e gera filhos para a escravidão: esta é Hagar. 25 Hagar representa o monte Sinai, na Arábia, e corresponde à atual cidade de Jerusalém, que está escravizada com os seus filhos. 26 Mas a Jerusalém do alto é livre, e é a nossa mãe. 27 Pois está escrito:

"Regozije-se, ó estéril,
você que nunca teve um filho;

grite de alegria,
você que nunca esteve
em trabalho de parto;
porque mais são os filhos
da mulher abandonada
do que os daquela
que tem marido".

28 Vocês, irmãos, são filhos da promessa, como Isaque. 29 Naquele tempo, o
filho nascido de modo natural perseguiu o filho nascido segundo o Espírito. O
mesmo acontece agora. 30 Mas o que diz a Escritura? "Mande embora a escrava
e o seu filho, porque o filho da escrava jamais será herdeiro com o filho da livre".
31 Portanto, irmãos, não somos filhos da escrava, mas da livre.

5.1 Foi para a liberdade que Cristo nos libertou. Portanto, permaneçam firmes e não se deixem submeter novamente a um jugo de escravidão.

Almeida Revista e Atualizada

21 Dizei-me vós, os que quereis estar sob a lei: acaso, não ouvis a lei? 22 Pois
está escrito que Abraão teve dois filhos, um da mulher escrava e outro da livre.
23 Mas o da escrava nasceu segundo a carne; o da livre, mediante a promessa.
24 Estas coisas são alegóricas; porque estas mulheres são duas alianças; uma,
na verdade, se refere ao monte Sinai, que gera para escravidão; esta é Agar.
25 Ora, Agar é o monte Sinai, na Arábia, e corresponde à Jerusalém atual, que
está em escravidão com seus filhos. 26 Mas a Jerusalém lá de cima é livre, a qual
é nossa mãe; 27 porque está escrito:

Alegra-te, ó estéril, que não dás à luz, exulta e clama, tu que não estás de parto;
porque são mais numerosos os filhos da abandonada que os da que tem marido.

28 Vós, porém, irmãos, sois filhos da promessa, como Isaque. 29 Como, porém,
outrora, o que nascera segundo a carne perseguia ao que nasceu segundo o Es-
pírito, assim também agora. 30 Contudo, que diz a Escritura?

Lança fora a escrava e seu filho, porque de modo algum o filho da escrava
será herdeiro com o filho da livre.

31 E, assim, irmãos, somos filhos não da escrava, e sim da livre.

5.1 Para a liberdade foi que Cristo nos libertou. Permanecei, pois, firmes e não vos submetais, de novo, a jugo de escravidão.

Exploração

1. Por quais razões algumas pessoas preferem uma espiritualidade baseada na lei?

____

____

2. Recapitule a história central de Abraão, Sara, Hagar, Isaque e Ismael (Gn 15—17) e resuma o que aconteceu.

____

____

3. Por que Paulo usa essa história para ilustrar o caso de Gálatas?

____

____

4. Em que sentido a vida pela lei resulta em escravidão?

____

____

5. Em termos práticos e cotidianos, o que significa de fato a liberdade em Cristo?

____

____

Inspiração

Como você preencheria este espaço em branco?

Uma pessoa é justificada perante Deus por meio de _________.

Afirmação simples. No entanto, não se deixe enganar por sua simplicidade. Sua maneira de preencher a frase é de total importância; reflete a natureza de sua fé.

Uma pessoa é justificada perante Deus por meio de...

Bondade. Uma pessoa é justificada perante Deus por meio da bondade. Pagar impostos. Dar sanduíches aos pobres. Não ultrapassar o limite de velocidade nem beber sem moderação ou ingerir álcool. A conduta cristã — eis o segredo.

Sofrimento. Aí está a resposta. É assim que acontece a justificação perante Deus — sofrendo. Dormir na terra batida. Atravessar selvas úmidas. Malária. Pobreza. Dias frios. Noites de vigília. Votos de castidade. Cabeça raspada, pés descalços. Quanto maior a dor, maior a santidade.

Nada disso. A forma de ser justificado perante Deus? A doutrina. Interpretação imparcial da verdade. Teologia hermética que explica cada mistério. O milênio simplificado. A inspiração esclarecida. O papel da mulher definido de uma vez por todas. Deus tem de nos salvar — afinal, somos mais inteligentes que ele.

Como somos justificados perante Deus? Todos os itens acima são buscados. Todos são ensinados. Todos são demonstrados. Mas nenhum deles procede de Deus.

De fato, este é o problema. Nenhum deles procede de Deus. Todos procedem do homem. Pense nisto. Quem é a principal força nos exemplos acima? A humanidade ou Deus? Quem é o sujeito do verbo "salvar", você ou ele?

Se nós somos salvos pelas boas obras, não precisamos de Deus — bastam lembretes semanais do que é certo e errado e chegaremos ao céu. Se somos salvos pelo sofrimento, certamente não precisamos de Deus. Basta um chicote, uma corrente e o evangelho da culpa. Se somos salvos pela doutrina, então, pelo amor de Deus, vamos estudar! Não precisamos de Deus, precisamos de um léxico. Analisar as questões. Explorar as opções. Decifrar a verdade.

Mas tome cuidado... Se você estiver salvando a si mesmo, nunca terá certeza de nada. Nunca saberá se sofreu o suficiente, se lamentou o suficiente ou se aprendeu o suficiente. Este é o resultado da religião computadorizada: medo, insegurança, instabilidade.

TRECHO DE *QUANDO OS ANJOS SILENCIARAM*

REAÇÃO

6. Descreva o momento em sua vida quando a "lâmpada acendeu" e você se deu conta de que o evangelho oferece aceitação eterna e incondicional e liberdade radical.

___

___

7. O que o nascimento milagroso de Isaque sugere sobre a natureza da graça?

8. Qual a melhor maneira de responder àqueles que lidam com Deus baseados na lei?

9. Em sua experiência espiritual, você costuma se sentir mais como o filho de Hagar ou como o filho de Sara? Por quê?

10. Como a ideia de que a aprovação de Deus se baseia na conformidade a certas regras costuma atrair você? Que regras são essas?

11. Como você explicaria a verdadeira liberdade cristã a um adolescente?

Lições de vida

Considerando a liberdade gloriosa oferecida sob a *nova* aliança de Deus, por que alguém preferiria a antiga? É uma boa pergunta com uma resposta complexa. Algumas pessoas não apreciam a graça por ela ser demasiadamente irracional e arriscada. Outros se assustam por que ela é excessivamente vasta e difícil de medir. Ainda outros tremem diante dela por ser "injusta". Pessoas más perdoadas? Completamente? Sem *fazer* nada? O oposto da graça é a lei. Regras inflexíveis. Fórmulas concretas. Objetivos claros e mensuráveis para a pessoa se orientar. A lei é um sistema que atende ao orgulho humano prometendo recompensar quem trabalha duro e é mais competitivo. Mas a verdadeira recompensa? Escravidão, uma sensação disseminada de obrigação, medo e culpa. E, nas letras miúdas, a garantia do fracasso final. Não à toa, Paulo disse: "Foi para a liberdade que Cristo nos libertou. Portanto, permaneçam firmes e não se deixem submeter novamente a um jugo de escravidão" (5.1).

Devoção

Pai, hoje, quando eu for atormentado pelas implacáveis demandas e pelos padrões perfeitos da lei, faze-me lembrar que, graças a Cristo, eu sou livre. Sou um verdadeiro filho espiritual de Abraão e Sara. Dá-me a sabedoria e a força para lançar fora todos esses pensamentos legalistas.

- Para mais passagens bíblicas sobre a liberdade em Cristo, leia Isaías 61.1; João 8.32; Romanos 6.18; 8.2,21; 2Coríntios 3.17; Gálatas 2.4.
- Para completar o livro de Gálatas durante este estudo em doze partes, leia Gálatas 4.21—5.1.

Para pensar

É possível dizer que a liberdade da lei é exclusiva do cristianismo? Como essa liberdade desafia você a viver de modo diferente?

LIÇÃO 10

EMANCIPAÇÃO!

REFLEXÃO

Alguém sabiamente observou que a vida é uma jornada e uma batalha. De fato, as duas metáforas podem ser encontradas na Bíblia, descritivas do que significa e do que é tentar seguir a Cristo. Usando a analogia da vida como jornada, descreva uma experiência recente em que você se afastou do caminho. O que provocou o desvio e como você conseguiu voltar aos trilhos?

SITUAÇÃO

Falsos mestres diziam aos cristãos na Galácia que Deus os aceitaria não apenas por sua fé em Jesus, mas pelo cumprimento dos rituais judaicos. Paulo lhes escreve esta firme advertência: Não se trata de uma equação "x + y", mas sim de "x ou y". Você pode tentar guardar a lei (mas terá de fazê-lo com perfeição), ou você reconhece sua necessidade de Cristo como seu substituto e Salvador. Não há meio-termo.

OBSERVAÇÃO

Leia Gálatas 5.2-15 da NVI ou da RA.

Nova Versão Internacional

*2 Ouçam bem o que eu, Paulo, lhes digo: Caso se deixem circuncidar, Cristo
de nada lhes servirá. 3 De novo declaro a todo homem que se deixa circuncidar,
que está obrigado a cumprir toda a Lei. 4 Vocês, que procuram ser justificados
pela Lei, separaram-se de Cristo; caíram da graça. 5 Pois é mediante o Espí-
rito que nós aguardamos pela fé a justiça, que é a nossa esperança. 6 Porque
em Cristo Jesus nem circuncisão nem incircuncisão têm efeito algum, mas sim
a fé que atua pelo amor.*

7 *Vocês corriam bem. Quem os impediu de continuar obedecendo à verdade?*
8 *Tal persuasão não provém daquele que os chama.* 9 *"Um pouco de fermento*
leveda toda a massa." 10 *Estou convencido no Senhor de que vocês não pensa-*
rão de nenhum outro modo. Aquele que os perturba, seja quem for, sofrerá a
condenação. 11 *Irmãos, se ainda estou pregando a circuncisão, por que continuo*
sendo perseguido? Nesse caso, o escândalo da cruz foi removido. 12 *Quanto a*
esses que os perturbam, quem dera que se castrassem!
13 *Irmãos, vocês foram chamados para a liberdade. Mas não usem a liber-*
dade para dar ocasião à vontade da carne; ao contrário, sirvam uns aos outros
mediante o amor. 14 *Toda a Lei se resume num só mandamento: "Ame o seu*
próximo como a si mesmo". 15 *Mas se vocês se mordem e se devoram uns aos*
outros, cuidado para não se destruírem mutuamente.

Almeida Revista e Atualizada

2 *Eu, Paulo, vos digo que, se vos deixardes circuncidar, Cristo de nada vos*
aproveitará. 3 *De novo, testifico a todo homem que se deixa circuncidar que*
está obrigado a guardar toda a lei. 4 *De Cristo vos desligastes, vós que procurais*
justificar-vos na lei; da graça decaístes. 5 *Porque nós, pelo Espírito, aguarda-*
mos a esperança da justiça que provém da fé. 6 *Porque, em Cristo Jesus, nem*
a circuncisão, nem a incircuncisão têm valor algum, mas a fé que atua pelo
amor. 7 *Vós corríeis bem; quem vos impediu de continuardes a obedecer à ver-*
dade? 8 *Esta persuasão não vem daquele que vos chama.* 9 *Um pouco de fer-*
mento leveda toda a massa. 10 *Confio de vós, no Senhor, que não alimentareis*
nenhum outro sentimento; mas aquele que vos perturba, seja ele quem for, so-
frerá a condenação. 11 *Eu, porém, irmãos, se ainda prego a circuncisão, por que*
continuo sendo perseguido? Logo, está desfeito o escândalo da cruz. 12 *Tomara*
até se mutilassem os que vos incitam à rebeldia.
13 *Porque vós, irmãos, fostes chamados à liberdade; porém não useis da li-*
berdade para dar ocasião à carne; sede, antes, servos uns dos outros, pelo amor.
14 *Porque toda a lei se cumpre em um só preceito, a saber:*
Amarás o teu próximo como a ti mesmo.
15 *Se vós, porém, vos mordeis e devorais uns aos outros, vede que não sejais*
mutuamente destruídos.

Exploração

1. Ao que parece, alguns dos cristãos não judeus na Galácia estavam se submetendo ao ritual judaico da circuncisão. Por quê?

____

____

2. Qual é o "objetivo" por trás de rituais como o batismo e a ceia do Senhor?

3. Por que as ideias que adotamos (ou não) são tão importantes?

4. Qual é a prova de fogo para sabermos se nossa fé agrada a Deus (v. 6)?

5. O que Paulo diz nessa passagem para sugerir que a vida espiritual não diz respeito a cumprir regras, mas a construir relacionamentos?

Inspiração

A verdadeira humildade não consiste em pensar modestamente a respeito de si mesmo, mas em pensar corretamente sobre si mesmo. O coração humilde não diz: "Não consigo realizar nada". Pelo contrário, diz: "Não posso fazer tudo. Sei qual é minha parte e fico feliz de fazê-la".

Quando Paulo escreve "*considerem* os outros superiores a si mesmos" (Fp 2.3), ele usa um verbo que significa "calcular", "estimar". A palavra implica um julgamento consciente apoiado em fatos cuidadosamente ponderados. Considerar os outros superiores a si mesmo, portanto, não é dizer que você não tem lugar; é dizer que você sabe qual é seu lugar. "Ninguém tenha de si mesmo um conceito mais elevado do que deve ter; mas, ao contrário, tenha um conceito equilibrado, de acordo com a medida da fé que Deus lhe concedeu" (Rm 12.3).

Ora, Jesus não é nosso exemplo? Contente por ser conhecido como carpinteiro. Feliz por ser confundido com o jardineiro. Serviu seus seguidores lavando-lhes os pés. Serviu a nós fazendo o mesmo. Cada manhã ele nos presenteia com beleza. Cada domingo ele nos chama à sua mesa. Cada momento ele habita em nosso coração. Acaso ele não fala do dia em que o mestre "se vestirá para servir, fará que se reclinem à mesa, e virá servi-los" (Lc 12.37)?

Se Jesus se dispõe tanto a nos honrar, será que não podemos fazer o mesmo para os outros? Priorize as pessoas. Aceite sua parte no plano. E, acima de tudo, considere os outros superiores a si mesmo. O amor é assim. Pois o amor "não se vangloria, não se orgulha" (1Co 13.4).

Trecho de *Um amor que vale a pena*

Reação

6. Por que é tão difícil viver de acordo com a instrução "sirvam uns aos outros mediante o amor" (v. 13)?

7. Como o cristão pode distinguir quando está vivendo ou não pela graça?

8. O que significa abusar da graça?

9. Que precauções devem ser tomadas para prevenir o mau uso de nossa liberdade em Cristo?

10. Quais são os prováveis problemas existentes numa comunidade focada no cumprimento de regras? (Dica: leia os versículos 13-15.)

---

11. Selecione três pessoas com quem você se encontrará nas próximas 48 horas e liste duas maneiras específicas de comprometer-se em servi-las com amor.

Lições de vida

Liberdade cristã não significa permissão para fazer o que vier à cabeça. Significa ser libertado da prisão do egoísmo e solto da escravidão da insegurança e do orgulho. Entendemos que, em Cristo, Deus de fato nos ama e nos aceita. Compreendemos que ele vive em nós para nos transformar, atender às nossas necessidades, alcançar pessoas por nosso intermédio, e somos transformados. Já não temos de nos esforçar para chamar a atenção dele ou obter sua aprovação ou persistir em sua graça. Nós já desfrutamos dessas coisas numa medida infinita! De repente, somos emancipados para voltar nosso foco e atenção às necessidades alheias. Nós servimos ao permitir que o amor divino flua através de nós! O segredo para uma vida de liberdade? Descansar na perfeita graça de Deus e confiar em seu infinito poder.

Devoção

Pai, abre meus olhos para a verdade transformadora de que "a fé atua pelo amor" (v. 6). Dá-me um coração para servir às pessoas com amor.

- Para mais passagens bíblicas sobre ser libertado e chamado para servir, leia Mateus 20.28; Marcos 10.43-44; Lucas 10.25-37; João 13.14; Atos 20.18-19; Efésios 6.7; Filipenses 2.1-8.

- Para completar o livro de Gálatas durante este estudo em doze partes, leia Gálatas 5.2-15.

Para pensar

Cite os principais dons que Deus lhe deu para servir às pessoas.

Seguindo o Espírito

Reflexão

Hoje em dia é popular falar de "espiritualidade". Muitas vezes, porém, a palavra é usada de forma vaga e confusa, sem nenhuma menção ao Espírito de Deus. Como você explicaria o Espírito Santo a uma criança de dez anos?

Situação

A carta aos gálatas argumenta que só há duas formas de abordar a Deus. A primeira é centrada no homem — convocar pessoas para fazer certas coisas a fim de obter a aprovação divina. Essa forma, insiste Paulo, é um exercício inútil. A outra maneira é a boa-nova de que a aceitação de Deus é possível por causa do que Jesus já fez pelos pecadores. Além disso, os que adotam esse evangelho recebem o Espírito de Deus para capacitá-los a viver um novo tipo de vida.

Observação

Leia Gálatas 5.16-26 da NVI ou da RA.

Nova Versão Internacional

[16] *Por isso digo: Vivam pelo Espírito, e de modo nenhum satisfarão os desejos da carne.* [17] *Pois a carne deseja o que é contrário ao Espírito; e o Espírito, o que é contrário à carne. Eles estão em conflito um com o outro, de modo que vocês não fazem o que desejam.* [18] *Mas, se vocês são guiados pelo Espírito, não estão debaixo da Lei.*

[19] *Ora, as obras da carne são manifestas: imoralidade sexual, impureza e libertinagem;* [20] *idolatria e feitiçaria; ódio, discórdia, ciúmes, ira, egoísmo, dissensões, facções* [21] *e inveja; embriaguez, orgias e coisas semelhantes. Eu os*

advirto, como antes já os adverti: Aqueles que praticam essas coisas não herdarão o Reino de Deus.

22 *Mas o fruto do Espírito é amor, alegria, paz, paciência, amabilidade, bondade, fidelidade,* 23 *mansidão e domínio próprio. Contra essas coisas não há lei.* 24 *Os que pertencem a Cristo Jesus crucificaram a carne, com as suas paixões e os seus desejos.* 25 *Se vivemos pelo Espírito, andemos também pelo Espírito.* 26 *Não sejamos presunçosos, provocando uns aos outros e tendo inveja uns dos outros.*

Almeida Revista e Atualizada

16 *Digo, porém: andai no Espírito e jamais satisfareis à concupiscência da carne.* 17 *Porque a carne milita contra o Espírito, e o Espírito, contra a carne, porque são opostos entre si; para que não façais o que, porventura, seja do vosso querer.* 18 *Mas, se sois guiados pelo Espírito, não estais sob a lei.* 19 *Ora, as obras da carne são conhecidas e são: prostituição, impureza, lascívia,* 20 *idolatria, feitiçarias, inimizades, porfias, ciúmes, iras, discórdias, dissensões, facções,* 21 *invejas, bebedices, glutonarias e coisas semelhantes a estas, a respeito das quais eu vos declaro, como já, outrora, vos preveni, que não herdarão o reino de Deus os que tais coisas praticam.* 22 *Mas o fruto do Espírito é: amor, alegria, paz, longanimidade, benignidade, bondade, fidelidade,* 23 *mansidão, domínio próprio. Contra estas coisas não há lei.* 24 *E os que são de Cristo Jesus crucificaram a carne, com as suas paixões e concupiscências.*

25 *Se vivemos no Espírito, andemos também no Espírito.* 26 *Não nos deixemos possuir de vanglória, provocando uns aos outros, tendo inveja uns dos outros.*

Exploração

1. O que o versículo 17 quer dizer quando fala de nossa "carne"?

2. Como é possível saber se estamos sendo guiados pelo Espírito?

3. Qual é sua opinião sobre o fato de Paulo inserir o egoísmo e a inveja junto com "feitiçaria" (v. 20) e "prostituição" (v. 19, RA)?

4. Qual é o significado da seguinte afirmação: "Os que pertencem a Cristo Jesus crucificaram a carne, com as suas paixões e os seus desejos" (v. 24)?

5. Com base na passagem desta lição, qual conselho você daria a um amigo cristão que admite ter pouca paciência com um colega de trabalho?

Inspiração

A maioria dos cristãos acha mais fácil aceitar a cruz do que o Espírito de Cristo. A Sexta-feira Santa faz mais sentido que o Pentecostes. Cristo, nosso substituto. Jesus tomando nosso lugar. O Salvador pagando por nossos pecados. Conceitos impressionantes, porém adotáveis. Caem na área da transação e substituição, território familiar para nós. Mas as discussões sobre o Espírito Santo nos conduzem ao reino do sobrenatural e do invisível. Logo nos calamos e ficamos cautelosos, com medo do que não podemos ver ou explicar.

É útil considerar a obra do Espírito do seguinte ângulo: o que Jesus realizou na Galileia é o que o Espírito realiza em nós. Jesus habitou entre o povo, ensinando, confortando e convencendo. O Espírito Santo habita entre nós, ensinando, confortando e convencendo. A palavra preferida do Novo Testamento para essa promessa é *oikeo*, que significa "viver" ou "habitar". *Oikeo* deriva do substantivo grego *oikos*, que significa "casa". O Espírito Santo habita no cristão assim como o proprietário habita em sua casa.

Os que confiam na ação de Deus descobrem que o Espírito de Deus está neles — vivendo e respirando Deus! [...]

Mas, se o próprio Deus está em vocês, dificilmente irão pensar mais em vocês mesmos que nele. Quem não recebeu esse Deus invisível, mas plenamente presente, o Espírito de Cristo, não saberá do que estamos falando. Mas vocês que o receberam e o têm habitando em vocês, mesmo que ainda experimentem as limitações do pecado, experimentam a vida de acordo com Deus.

Romanos 8.5,9-10, A Mensagem

TRECHO DE *QUEM TEM SEDE VENHA*

REAÇÃO

6. Você acha difícil compreender a ideia bíblica de que, na pessoa do Espírito de Cristo, o próprio Deus fez residência em sua vida?

____

____

7. Ao receber plena liberdade em nossa vida, o Espírito de Deus produz vários tipos de frutos (ou seja, traços de caráter). Quais dessas qualidades você vê amadurecendo em sua vida?

____

____

8. Somos instruídos a seguir o Espírito (v. 25), mas como aprendemos a ouvir sua voz?

____

____

9. Que conflitos espirituais internos você enfrenta neste exato momento?

____

____

10. O que você diria a um amigo cristão que admite um dos atos ou hábitos pecaminosos citados em Gálatas 5.19-21?

---

11. Com que intensidade e frequência você luta contra a vaidade e a inveja?

Lições de vida

A vida cristã não é apenas difícil; é impossível. Isto é, impossível enquanto tentarmos viver para Deus com nossos próprios esforços. Resistir ao apelo do pecado? Superar nossa tendência natural ao orgulho e egoísmo? Servir ao próximo com amor? Encare a verdade: *jamais* faremos essas coisas até que nos entreguemos ao Espírito de Deus. Que equívoco trágico — e que mentira demoníaca — acreditar que precisamos do Espírito para iniciar a vida cristã, mas não para continuar a vivê-la! Como um forte vento (Jo 3), como um poderoso rio (Jo 7), o Espírito Santo deseja se mover poderosamente pela alma de cada cristão. Revelando. Convencendo. Confortando. Aconselhando. Ensinando. Guiando. Transformando. Capacitando. Você já o convidou a realizar sua obra? Está plenamente entregue a sua liderança?

Devoção

Espírito de Deus, sê livre em meu coração. Faze a obra que só tu podes fazer. Renova-me. Enche-me. Molda-me. Recria-me. Usa-me. Produz o caráter de Jesus em minha vida.

- Para mais passagens bíblicas sobre viver no Espírito, leia Joel 2.28; Lucas 24.49; João 14.17; 15.26; 16.13; Atos 1.8; Romanos 8.9; 1Coríntios 3.16.

- Para completar o livro de Gálatas durante este estudo em doze partes, leia Gálatas 5.16-26.

Para pensar

Que medidas específicas o cristão precisa tomar ao confrontar os desejos da velha natureza?

LIÇÃO 12

UMA VIDA CHEIA DE GRAÇA

REFLEXÃO

Numa cultura que defende as ideias de "viver e deixar viver" e "cada um cuida de sua vida", os cristãos tendem a fugir do confronto quando alguém se envolve em atividades não tão honrosas. A Bíblia, contudo, exorta os cristãos a responsabilizarem as pessoas. Como é sua experiência nessa área? Você já foi abordado por outro cristão por causa de seu comportamento? O que aconteceu?

SITUAÇÃO

Paulo conclui dizendo que a tentativa de viver conforme a lei judaica do Antigo Testamento leva pessoas orgulhosas a tecerem comparações e a competirem entre si. A adoção da graça, por outro lado, resulta na formação de uma família espiritual compassiva. Seu conselho final aos gálatas? Parem de se preocupar com a vida alheia e vivam sendo a nova pessoa cheia de graça que vocês são.

OBSERVAÇÃO

Leia Gálatas 6.1-18 da NVI ou da RA.

Nova Versão Internacional

1 *Irmãos, se alguém for surpreendido em algum pecado, vocês, que são espirituais, deverão restaurá-lo com mansidão. Cuide-se, porém, cada um para que também não seja tentado.* 2 *Levem os fardos pesados uns dos outros e, assim, cumpram a lei de Cristo.* 3 *Se alguém se considera alguma coisa, não sendo nada, engana-se a si mesmo.* 4 *Cada um examine os próprios atos, e então poderá orgulhar-se de si mesmo, sem se comparar com ninguém,* 5 *pois cada um deverá levar a própria carga.*

6 *O que está sendo instruído na palavra partilhe todas as coisas boas com aquele que o instrui.*

7 Não se deixem enganar: de Deus não se zomba. Pois o que o homem se-
mear, isso também colherá. 8 Quem semeia para a sua carne, da carne colherá
destruição; mas quem semeia para o Espírito, do Espírito colherá a vida eter-
na. 9 E não nos cansemos de fazer o bem, pois no tempo próprio colheremos, se
não desanimarmos. 10 Portanto, enquanto temos oportunidade, façamos o bem
a todos, especialmente aos da família da fé.

11 Vejam com que letras grandes estou lhes escrevendo de próprio punho!

12 Os que desejam causar boa impressão exteriormente, tentando obrigá-
-los a se circuncidarem, agem desse modo apenas para não serem perseguidos
por causa da cruz de Cristo. 13 Nem mesmo os que são circuncidados cumprem
a Lei; querem, no entanto, que vocês sejam circuncidados a fim de se gloriarem
no corpo de vocês. 14 Quanto a mim, que eu jamais me glorie, a não ser na cruz
de nosso Senhor Jesus Cristo, por meio da qual o mundo foi crucificado para
mim, e eu para o mundo. 15 De nada vale ser circuncidado ou não. O que im-
porta é ser uma nova criação. 16 Paz e misericórdia estejam sobre todos os que
andam conforme essa regra, e também sobre o Israel de Deus.

17 Sem mais, que ninguém me perturbe, pois trago em meu corpo as mar-
cas de Jesus.

18 Irmãos, que a graça de nosso Senhor Jesus Cristo seja com o espírito de
vocês. Amém.

Almeida Revista e Atualizada

1 Irmãos, se alguém for surpreendido nalguma falta, vós, que sois espi-
rituais, corrigi-o com espírito de brandura; e guarda-te para que não sejas
também tentado. 2 Levai as cargas uns dos outros e, assim, cumprireis a lei de
Cristo. 3 Porque, se alguém julga ser alguma coisa, não sendo nada, a si mesmo
se engana. 4 Mas prove cada um o seu labor e, então, terá motivo de gloriar-se
unicamente em si e não em outro. 5 Porque cada um levará o seu próprio fardo.

6 Mas aquele que está sendo instruído na palavra faça participante de
todas as coisas boas aquele que o instrui. 7 Não vos enganeis: de Deus não se
zomba; pois aquilo que o homem semear, isso também ceifará. 8 Porque o que
semeia para a sua própria carne da carne colherá corrupção; mas o que semeia
para o Espírito do Espírito colherá vida eterna. 9 E não nos cansemos de fa-
zer o bem, porque a seu tempo ceifaremos, se não desfalecermos. 10 Por isso, en-
quanto tivermos oportunidade, façamos o bem a todos, mas principalmente
aos da família da fé.

11 Vede com que letras grandes vos escrevi de meu próprio punho. 12 Todos
os que querem ostentar-se na carne, esses vos constrangem a vos circuncidar-
des, somente para não serem perseguidos por causa da cruz de Cristo. 13 Pois
nem mesmo aqueles que se deixam circuncidar guardam a lei; antes, querem

que vos circuncideis, para se gloriarem na vossa carne. [14] *Mas longe esteja de mim gloriar-me, senão na cruz de nosso Senhor Jesus Cristo, pela qual o mundo está crucificado para mim, e eu, para o mundo.* [15] *Pois nem a circuncisão é coisa alguma, nem a incircuncisão, mas o ser nova criatura.* [16] *E, a todos quantos andarem de conformidade com esta regra, paz e misericórdia sejam sobre eles e sobre o Israel de Deus.*

[17] *Quanto ao mais, ninguém me moleste; porque eu trago no corpo as marcas de Jesus.*

[18] *A graça de nosso Senhor Jesus Cristo seja, irmãos, com o vosso espírito. Amém!*

Exploração

1. Qual é a reação correta quando algum irmão sucumbe à tentação?

____

____

2. Como saber qual é o momento apropriado de confrontar alguém?

____

____

3. Por que a vaidade é tão perigosa?

____

____

4. Descreva a lei espiritual que diz: "Nós colhemos o que plantamos".

____

____

5. Como o aumento da confiança na cruz de Cristo sinaliza maturidade?

____

____

Inspiração

Gosto da história do menino que caiu da cama. Quando a mãe lhe pergunta o que aconteceu, ele responde: "Não sei. Acho que fiquei perto demais de onde eu me deitei".

É fácil agir da mesma maneira com nossa fé. É tentador ficar onde nos fixamos e nunca sair do lugar.

Escolha um momento no passado não muito distante. Um ou dois anos atrás. Agora faça a si mesmo algumas perguntas. Como sua vida de oração hoje se compara com a daquela época? E o que dizer de suas doações? A quantidade e a alegria aumentaram? E sua lealdade à igreja? Você pode dizer que amadureceu? E o estudo da Bíblia? Está aprendendo a aprender?

> Antes, seguindo a verdade em amor, *cresçamos* em tudo naquele que é a cabeça, Cristo.
>
> Efésios 4.15

> Portanto, deixemos os ensinos elementares a respeito de Cristo e avancemos para a *maturidade*.
>
> Hebreus 6.1

> Como crianças recém-nascidas, desejem de coração o leite espiritual puro, para que por meio dele *cresçam* para a salvação.
>
> 1Pedro 2.2

> *Cresçam*, porém, na graça e no conhecimento de nosso Senhor e Salvador Jesus Cristo.
>
> 2Pedro 3.18

O crescimento é o objetivo do cristão. A maturidade é obrigatória. Se uma criança parasse de se desenvolver, os pais ficariam preocupados, certo? Chamariam médicos. Fariam exames. Quando uma criança para de crescer, existe algo errado.

Quando um cristão para de crescer, ele precisa de ajuda. Se você é o mesmo cristão de meses atrás, tome cuidado. Seria inteligente de sua parte fazer um *check-up*. Não no corpo, mas no coração. Não um *check-up* físico, mas espiritual.

TRECHO DE *QUANDO DEUS SUSSURRA O SEU NOME*

REAÇÃO

6. Crescimento. Maturidade. Mudança de vida. Seja qual for o nome, como, especificamente, você cresceu nos últimos anos?

7. Paulo diz que devemos levar os fardos pesados uns dos outros (v. 2), ainda que cada um leve a própria carga (v. 5). Qual é a diferença entre os dois casos?

8. Como podemos ajudar nossos irmãos e irmãos a sair de uma fé estagnada e evoluir?

9. Como o cristão "põe em prática" o versículo 6?

10. Como você se motiva no amor e serviço ao próximo, principalmente nos dias em que sente vontade de desistir?

11. Que oportunidades concretas você tem nos próximos dias para fazer "o bem a todos, mas principalmente aos da família da fé" (v. 10, RA)?

Lições de vida

Paulo resume assim sua mensagem atemporal aos Gálatas em 6.15: "De nada vale ser circuncidado ou não. O que importa é ser uma nova criação". Embora poucos cristãos hoje discutam a questão da circuncisão, estamos constantemente lutando contra outras pressões legalistas. Há sempre a tentação de retornar a uma mentalidade de observância de regras — aquele modo de pensar sutil e insidioso que diz: "Preciso seguir certas regras religiosas para obter a aprovação de Deus". Com relação a isso, Paulo diz: "Não! A vida espiritual que agrada a Deus (e satisfaz nossa alma) consiste em sermos as novas criaturas que Deus nos criou para ser" (cf. 2Co 5.17). Nós vivemos pela graça. Crescemos quando seguimos a direção do Espírito de Deus, que vive em nós. A verdadeira espiritualidade não é imposta de fora; ela borbulha e transborda de dentro.

Devoção

Pai, desejo tanto conhecer tua graça, deleitar-me nela, ser transformado por ela, partilhá-la com o mundo! Afasta-me do orgulho. Faze-me que eu jamais me glorie, "a não ser na cruz de nosso Senhor Jesus Cristo" (v. 14).

- Para mais passagens bíblicas sobre viver pela graça, leia Salmos 84.11; Atos 13.43; Lucas 2.40; 2Coríntios 8.9; 12.9; 2Timóteo 2.1; 1Pedro 5.5.
- Para completar o livro de Gálatas durante este estudo em doze partes, leia Gálatas 6.1-18.

Para pensar

O que Paulo pretende dizer quando escreve que, por meio da cruz de Cristo, "o mundo foi crucificado para mim, e eu para o mundo" (6.14)?

NOTA AO LEITOR

Os textos da seção "Inspiração" foram traduzidos diretamente dos originais em inglês de Max Lucado.

Os livros a seguir foram publicados por W Publishing Group, uma divisão da Thomas Nelson, Inc., Nashville, Tennessee, EUA. Quando for o caso, apresentamos entre colchetes as correspondentes versões em português.

And the Angels Were Silent. Copyright © 1992, 2004 de Max Lucado. [*Quando os anjos silenciaram*. Campinas: United Press, 1999].

Come Thirsty. Copyright © 2004 de Max Lucado. [*Quem tem sede venha*. Rio de Janeiro: CPAD, 2006].

Cure for the Common Life. Copyright © 2005 de Max Lucado.

A Gentle Thunder. Copyright © 1995 de Max Lucado. [*Ouvindo Deus na tormenta*. Rio de Janeiro: CPAD, 2006].

In the Eye of the Storm. Copyright © 1991 de Max Lucado. [*No olho do furacão*. São Paulo: Mundo Cristão, 2014].

In The Grip of Grace. Copyright © 1996 de Max Lucado. [*Nas garras da graça*. Rio de Janeiro: CPAD, 1999].

Just Like Jesus. Copyright © 1998 de Max Lucado. [*Simplesmente como Jesus*. Rio de Janeiro: CPAD, 2005].

A Love Worth Giving. Copyright © 2002 de Max Lucado. [*Um amor que vale a pena*. Rio de Janeiro: CPAD, 2004].

Next Door Savior. Copyright © 2003 de Max Lucado. [*O Salvador mora ao lado*. Rio de Janeiro: CPAD, 2005].

Six Hours One Friday. Copyright © 2004 de Max Lucado [*Seis horas de uma sexta-feira*. São Paulo: Vida, 2010].

When God Whispers Your Name. Copyright © 1994, 1999 de Max Lucado. [*Quando Deus sussurra o seu nome*. Rio de Janeiro: CPAD, 2010].

ANOTAÇÕES

ANOTAÇÕES

ANOTAÇÕES

ANOTAÇÕES

ANOTAÇÕES

Coleção lições de vida

Max Lucado

- *O evangelho de Mateus*
- *O evangelho de Marcos*
- *O evangelho de Lucas*
- *O evangelho de João*
- *Atos*
- *Romanos*
- *1Coríntios*
- *2Coríntios*
- *Efésios*
- *Filipenses*
- *Colossenses & Filemom*
- *1 e 2Tessalonicenses* [no prelo]
- *1 e 2Timóteo & Tito* [no prelo]
- *Hebreus* [no prelo]
- *Tiago* [no prelo]
- *1 e 2Pedro* [no prelo]
- *1, 2 e 3João & Judas* [no prelo]
- *Apocalipse* [no prelo]

Compartilhe suas impressões de leitura escrevendo para:
opiniao-do-leitor@mundocristao.com.br
Acesse nosso *site*: www.mundocristao.com.br

Diagramação: Assisnet Design Gráfico
Revisão: Josemar de Souza Pinto
Gráfica: Imprensa da Fé
Fonte: Adobe Caslon Pro
Papel: Offset 63 g/m² (miolo)
Cartão 250 g/m² (capa)